Susanne Giger

Hans Vontobel

Bankier · Patron · Zeitzeuge

Zweite Auflage Frühling 2009

info@roemerhof-verlag.ch
www.roemerhof-verlag.ch

Druck und Bindung: Books on Demand GmbH, Norderstedt
Papier: Cremeweiss, 90 g/m²

Alle Photos: Felix Eidenbenz
Abbildung Skulptur S. 2 mit freundlicher
Genehmigung des Künstlers Guido Caminada
Archivphotos aus Privatbesitz Hans Vontobel

ISBN 978-3-905894-01-1

Alles ist im Fluss

»Man kommt auf die Welt und man geht von dieser, da braucht es kein Buch.« So antwortete Hans Vontobel, als ich ihn im Sommer 2006 nach einem Interview für Schweizer Radio DRS fragte, warum es keine Biographie über ihn gebe. »Ihre Maxime könnte der Titel des Buches sein«, gab ich zurück, was mir ein amüsiertes Schmunzeln und einen nachdenklichen Blick eintrug. Ich verabschiedete mich mit einem »Auf Wiedersehen« und stand drei Monate später wieder in seinem Büro: An seinem 90. Geburtstag.

Anders als der Grandseigneur der Schweizer Bankenszene war ich überzeugt, dass seine Haltungen und Werte, seine persönlichen Einstellungen zu Macht und Geld und sein Schatz an Lebenserfahrungen einen grösseren Kreis von Menschen interessiert. Zwar ist er immer wieder als Mahner vor den Folgen der Globalisierung in Erscheinung getreten, hat Reden und Vorträge im In- und Ausland gehalten, sich nie gescheut, seine oft unbequemen Ansichten mit Nachdruck öffentlich zu vertreten – doch wer ist der Mensch Hans Vontobel, was bewegt ihn, wenn es nicht ausschliesslich um Finanzen und Märkte geht? Was treibt den inzwischen 92-jährigen Schweizer Wirtschaftskapitän an, dass er noch fast täglich im Büro anzutreffen ist und einen vollen Terminkalender abarbeitet? Was macht es aus, dass dieser weit herum geachtete Patron, der sich in seinen diversen Ämtern und Positionen für den Finanzplatz Schweiz ein- und damit auseinandersetzte und nun Zeuge einer weiteren Wirtschaftskrise wurde, bis heute ein so gefragter Interviewpartner ist?

Ich suchte nach einem Weg, um ihn für meine Buchidee zu gewinnen: Sieben Gespräche an ebenso vielen Schauplätzen, die für ihn längere oder kürzere Zeit, sehr konkret oder eher symbolisch bedeutungsvolle Orte waren und sind. Gespräche im Winter, Frühling, Sommer und Herbst, nicht nur über die Entwicklung der Banken- und Finanzwelt, sondern auch über das Reisen und Zurückkehren, das Alleinsein und Altern in Würde. Und die Geschichte »seiner« Stadt Zürich sollte einen besonderen Platz erhalten.

Es liegt in der Natur dieser Form, dass man viele Themen intensiv diskutiert, einige nur streift, manchmal abschweift, gewisse Dinge nur antippen kann und anderen mehrmals begegnet. Und selbstverständlich führen solch persönliche Gespräche mit einem Mann, der beinahe ein ganzes Jahrhundert erlebte, zu derart persönlichen Äusserungen, dass ich mich bewusst dafür entschied, keine weiteren Stimmen zu Wort kommen zu lassen.

Das war die Idee, doch sie musste reifen. Beim entscheidenden Treffen – ein Jahr nach meinem ersten Anlauf – begrüsste mich Hans Vontobel mit den Worten: »Also, Frau Giger, an welchem Schauplatz treffen wir uns zuerst?« – »In der Kronenhalle.«

Dass das Jahr 2008, in dem wir unsere Gespräche hauptsächlich führten, auch zum Jahr der ganz grossen Banken- und Finanzmarktkrise wurde, gab dem Buch eine weitere Dimension. Die dramatische Aktualität sorgte von Monat zu Monat für brisanten Gesprächsstoff mit dem Jahrhundert-Bankier.

Susanne Giger
Januar 2009

SCHAUPLATZ — 01

»Wir hatten Frisch und Dürrenmatt nötig«

Ein Gespräch über Dichter und Denker, Emma und Hulda, über Arbeit, Freizeit und den Lieblingsdrink

Mittwochmittag, ein regnerischer Tag im November 2007. In der imposanten Haupthalle der traditionsreichen Kronenhalle sind alle Tische bis auf den letzten Platz besetzt – wie jeden Tag an diesem Treffpunkt der erfolgreichen Geschäftsleute, Künstler und eleganten Touristen aus aller Welt. Der Chef de Service führt mich in den hinteren, etwas kleineren und ruhigeren Saal. Hans Vontobel sitzt bereits an einem Tisch, vor sich ein volles Glas – die Farbe deutet auf Orangensaft.

Der grossgewachsene, schlanke Privatbankier steht auf, grüsst mit der Eleganz aus vergangenen Zeiten und fragt: »Nehmen Sie einen Aperitif?«

»Ja, gern, dasselbe wie Sie!«

Hans Vontobel lächelt verschmitzt: »Vorsicht! Der Drink sieht seriös aus, ist es aber nicht – das ist wie bei den Bankiers! Ich trinke einen Screwdriver.«

Der Lieblingsdrink des Grand Old Man der Schweizer Bankenszene – Wodka mit Orangensaft – steht in jeder Bar, in der man ihn kennt, nach ein paar Minuten automatisch vor ihm: »Das ist äusserst angenehm, und dann lasse ich gern diese faule Bemerkung fallen.«

Konversation fällt Hans Vontobel leicht, und schon erzählt er leidenschaftlich von dem Ort, an dem unsere gemeinsame Reise zu den sieben Schauplätzen beginnt, die sein Leben massgeblich geprägt haben. Dass die Kronenhalle dazugehört, erklärt sich nicht nur daher, dass Hans Vontobel bereits als Knabe regelmässig dort ein und aus ging und die wechselvolle Geschichte dieser Fünfsterne-Brasserie nach Schweizer Art miterlebt hat. Für ihn bedeutet die Kronenhalle – so trivial es auch klinge – ein Stück Zürich, ein Stück Heimat.

»Ursprünglich befand sich hier ein Pferdestall. Um 1925 kauften Hulda und Gottlieb Zumsteg diese heruntergekommene Liegenschaft. Hulda Zumsteg war die Seele des Lokals und machte die Kronenhalle weit über Zürich hinaus zu einer ersten Adresse für klassische und gutbürgerliche Küche.«

Während des Zweiten Weltkriegs stellte die Kronenhalle für viele geflüchtete Künstler einen Hort der Ruhe und Sicherheit dar. Hulda Zumsteg avancierte zu »Mutter Zumsteg«, die sich um die oft mittellosen Dichter und Denker, Maler und Komponisten kümmerte und sie meist ohne Entgeld verköstigte.

Zumsteg-Sohn Gustav gelang zunächst eine glänzende Karriere als Seidenhändler: »Er leitete das Seidenhaus Abraham und war sehr kunstverständig. Die Bilder hier an den Wänden – von Chagall über Miró bis zu Giacometti – stammen aus seiner Sammlung. Als Hulda 1984 starb, übernahm er den Betrieb und führte ihn bis zu seinem Tod 2005.«

Dem Sohn ist es auch zu verdanken, dass die legendäre Hulda Zumsteg nach wie vor über Zürichs noble Brasserie wacht. Im grossen Saal beherrscht sie die Szene – unübersehbar in ihrer klassischen Balenciaga-Robe, gemalt vom langjährigen Stammgast Willy Guggenheim alias Varlin, und so, wie sie jeder in Erinnerung hat: Leicht auf ihren Stock mit dem silbernen Knauf gestützt, die andere Hand zum Gruss erhoben.

»Sie hatte die Angewohnheit, jeden Abend von Tisch zu Tisch zu gehen und zu fragen: ›Sind Sie zufrieden? Ist es recht gewesen?‹ Und je nachdem, ob die eigene Frau dabei war oder nicht, fielen ihre persönlichen Bemerkungen mehr oder weniger differenziert aus.«

Unvergesslich bleibt Hans Vontobel das sehr spezielle Verhältnis von La Patronne zum Personal: »Jedes Jahr hat sie eine ihrer alten Hilfen zur Badekur an die Adria eingeladen; als jedoch eine kurz vor solchen Ferien starb, wurde Hulda Zumsteg derart wütend, dass sie kurzerhand dem gesamten Personal verbot, an die Abdankung zu gehen.«

Die Gäste von damals legten Wert darauf, jeweils »ihren« Tisch zu bekommen, kannten alle Kellnerinnen und sprachen sie mit Vornamen an: »Rechts des Eingangs waren Emmas Tische – Emma mit den eingebundenen Beinen. Sie kam eines Abends an meinen Tisch und fragte vorwurfsvoll, wo denn meine Gattin sei. Ich erzählte, dass meine Frau operiert worden sei und im Spital Hirslanden liege. Am nächsten Tag ist diese Emma mit den eingebundenen Beinen im Hirslanden erschienen und brachte meiner Frau eine Mousse au Chocolat. Das sind Begebenheiten, die man nicht vergisst.«

Gerührt schaut Hans Vontobel – ohne Brille – auf die Menükarte und klappt sie zu. Er wählt den Wildhackbraten, zur Vorspeise wie so oft eine Oxtail-Suppe.

»Konsultieren Sie, als regelmässiger Besucher, die Menükarte überhaupt noch?«

»Ja. Und Sie werden lachen, in der Regel esse ich gern etwas Einfaches, zum Beispiel Wienerli und Bratwurst. Je älter ich werde, desto mehr achte ich darauf, dass es mir schmeckt und nicht zu viele Kalorien hat.«

»Sie achten auf Kalorien?«

»Ja, sehr sogar. Mit zunehmendem Alter bin ich offenbar immer eitler geworden.«

Von »seinem« Tisch aus hatte Hans Vontobel sowohl die Eingangstüre wie auch den »linken« Tisch davon im Blick. »Dort sassen häufig Max Frisch und Friedrich Dürrenmatt, sie gestikulierten heftig und debattierten lautstark. Ihr Verhältnis war ja äusserst ambivalent.«

Dürrenmatts Theaterstücke wie »Der Besuch der alten Dame« und »Die Physiker« waren für Vontobel ein Muss, obwohl es sonst mit dem Konolfinger Pfarrerssohn und gesellschaftskritischen Autor wenig Berührungspunkte gab. Mit Max Frisch verbindet Hans Vontobel ein langer, gemeinsamer Abend in den 1970er Jahren. Einer seiner Mitarbeiter, der auch »schriftstellerte«, stellte den Kontakt zum Dichterfürsten her. Frisch empfing Vontobel bei sich zu Hause an der Stockerstrasse.

»Wir diskutierten intensiv, und irgendwann meinte Frisch, er lade mich zum Abendessen ein, in ein italienisches Restaurant. Typisch Frisch spottete er: ›Sie als Bankier wollen natürlich mit dem Taxi dorthin.‹ Meine Antwort: ›Nein, Herr Frisch, wir gehen zu Fuss.‹ Also sind wir ins Restaurant marschiert und kreuzten die Klingen bis weit nach Mitternacht. Wir waren völlig unterschiedlicher Ansicht, haben uns richtiggehend gestritten. Am nächsten Tag habe ich von ihm seine gesammelten Werke mit persönlicher Widmung bekommen. Das fand ich schön.«

Obwohl Frisch, Dürrenmatt und Vontobel nur wenige Jahre trennten, lagen Welten zwischen ihren politischen Haltungen.

»Ich will Ihnen etwas sagen: Damals war ich kein Freund von Frisch, seine politischen Äusserungen habe ich abgelehnt. Aber, rückblickend betrachtet: Wir hatten Dürrenmatt und Frisch nötig.«

»Inwiefern?«

»Auf ›Züridütsch‹ gesagt, hatten wir den Eindruck: ›Mir sind sauguet.‹ Es herrschte eine selbstzufriedene Bürgerlichkeit, also bloss nichts verändern. Wir Schweizer sind gut durch den Zweiten Weltkrieg gekommen, wir sind schon auf dem rechten Weg. Dies haben Frisch und Dürrenmatt in ihren Werken angeprangert und uns zur Selbstkritik aufgefordert. Heute sind wir wesentlich weltoffener – in gewissen Beziehungen und Situationen, in anderen leider nicht –, und wir sind selbstkritischer. – Und was Europa betrifft, so glaube ich, dass die Zukunft eher bei den Regionen liegt als in einem alle Eigenheiten und Individualitäten überspannenden Einheitsstaat. Demokratie muss aus dem Kleinen heraus gestaltet werden, aus überschaubaren Lebensbereichen, für die man sich ja auch entsprechend verantwortlich weiss. Das war und ist der Vorteil eines Landes wie der Schweiz.«

Ein Kleinstaat wie die Schweiz hat in seinen Augen allerdings nur eine Chance, wenn er sich gegenüber Einflüssen von aussen aufgeschlossen zeigt. Hans Vontobel ist nämlich davon überzeugt, dass Ausländer die Gegenwart und die Zukunft der Schweiz mitbestimmen; deshalb engagiert er sich, auch persönlich, stark für deren Integration: Zu seinem 90. Geburtstag stiftete er einen sechsstelligen Betrag für Projekte, die Menschen aus allen Ländern das Einleben in der Schweiz erleichtern.

Auch auf seinen meist monatlichen Auslandsreisen ist Hans Vontobel ein unermüdlicher Vermittler zwischen den Kulturen. So zum Beispiel in Istanbul, wo ihn seine nächste Geschäftsreise hinführt. Dort trifft er Leute aus der Regierung und den Präsidenten der türkischen Notenbank, um mit ihnen über die aktuellen Themen des Landes und die Finanzmärkte zu diskutieren. Der Bankier hält zudem einen Vortrag an der Universität: »Das türkische Auditorium wird von mir hören: ›Die Schweiz steht sehr gut da, nicht zuletzt dank Ihnen. So stammte der bekannte Neurochirurg Mahmut Gazi Yasargil, der an der Zürcher Universitätsklinik bedeutende Entwicklungen in der Neurochirurgie etablierte, aus der Türkei.‹«

Hans Vontobel hält einen Moment inne, während die Suppe serviert wird: »Die Chance unseres Landes war und ist wohl, dass man miteinander reden kann, und dass wir ein gewisses soziales Verständnis besitzen.«

»Ist dieses Sozialverständnis heute tatsächlich noch vorhanden?«

»Man spricht heute nicht mehr so stark vom sozialen Verständnis, sondern man interessiert sich vor allem für die freie Marktwirtschaft und wirft mit Anglizismen oder sonstigen Begriffen um sich. Das Schlagwort Globalisierung beispielsweise ist eine Begründung und Entschuldigung für manches. Aber was ist damit eigentlich gemeint? Zweifellos die technische Komponente, weniger eine Globalisierung der moralischen Werte.«

Hans Vontobel verweist auf die Tugenden, die die Schweiz nach dem Einmarsch der Franzosen im 18. Jahrhundert aus den Niederungen wieder zu einer angesehenen und wirtschaftlich starken Nation werden liessen: Fleiss, Korrektheit und Gründlichkeit. Und er erlaubt sich den Gedanken: »Bleiben wir Eidgenossen, wenn wir unbesehen moralische Werte und Wertungen von jenseits des Atlantischen Ozeans übernehmen und uns einen entsprechenden Lebensstil aneignen? Vorgestern diskutierte ich zum Beispiel mit den 25 Lehrlingen unserer Bank, wie es zu der aktuellen Bankenkrise kommen konnte. Ich erklärte es ihnen so: Wenn in der Schweiz eine Bank eine Hypothek gibt, dann gewährt sie die erste zu 50 Prozent – die andere Hälfte des Betrags muss der Kunde aufbringen; für eine allfällige zweite muss er dann vielleicht nur 20 Prozent eigenes Geld einsetzen. In den USA gab man eine Hypothek zu 100 Prozent des Liegenschaftenwerts, der Kunde brauchte also gar kein eigenes Geld. Diese Schuldpapiere brachten sie in eine Gesellschaft ein und verkauften daraus resultierende, neue Wertpapiere. Was in der Schweiz als unseriös gilt, tat man in den USA im Milliardenumfang, und Schweizer Grossbanken haben offensichtlich indirekt mitgemacht. Diese bedenkenlose Hypothekenvergabe war hoch spekulativ, in der Schweiz wäre das unmöglich gewesen.«

Der Wildhackbraten und die dampfenden Beilagen lenken die Aufmerksamkeit für einen Augenblick vom momentanen Geschehen auf der Finanzweltbühne ab.

Laut Hans Vontobel stehen die international tätigen Geldinstitute zunehmend unter enormem Erfolgszwang. Aktionäre, Finanzanalysten und die Finanzpresse erwarten stets Rekordzahlen; elementare Sicherheitsüberlegungen werden unterlassen und viel zu hohe Risiken eingegangen. Und nicht zuletzt ist die Kundschaft schwierig: »Läuft die Konjunktur ein paar Jahre gut, kommen die Kunden und sagen: ›Das ist alles brav und gut, was ihr macht, aber ich will mehr Pfeffer in der Suppe. Mein Kollege hat durch dieses oder jenes gewagte Experiment so und so viel kurzfristig verdient. Wenn ihr das nicht könnt, ziehe ich mein Geld ab.‹ Genau wie im Jahr 2000.«

Damals bestürmten die Kunden ihre Finanzberater ebenfalls mit solchen Forderungen, bis die Internetblase platzte.

»Selbst wenn die Kunden bereit waren, viel mehr auf die Karte ›dotcom‹ zu setzen, haben wir höchstens zwei bis fünf Prozent des Depots in diesem riskanten Sinne angelegt. Wenn es nämlich schiefgeht, will keiner mehr etwas wissen von ›Pfeffer in der Suppe‹.«

Auch in der aktuellen Krise zeigt sich zum Leidwesen des erfahrenen Bankiers, wie beratungsresistent manche Kunden sind: »Ich halte mich stets an den Grundsatz: Die letzten 10 Prozent der Hausse sollen die anderen verdienen. Ich empfehle, jeweils in Zeiten eines Börsenhochs zu verkaufen.« Oft vergeblich, denn einige – Kunden wie Banken – wollen kurzfristig ein Maximum verdienen. »Das ist der ständige Kampf, den ich führe.«

»Ist es recht?«, fragt die aufmerksame Kellnerin ihren treuen Gast.

Hans Vontobel dinierte bereits am Vortag in diesem Lokal. »Die Kronenhalle spielt auch eine Rolle, wenn man wie ich mit der Oper sehr verbunden ist. Es ist angenehm, gegen 18 Uhr hier eine Kleinigkeit zu essen, und um 19 oder 20 Uhr beginnt die Vorstellung. Gestern Abend habe ich das so gemacht und anschliessend einen phantastischen ›Don Carlo‹ gesehen.«

Oper und Literatur sind nur zwei der vielen Interessen des Bankiers. Mit Fachliteratur beschäftigt er sich zwar, aber ihm genügt die frühmorgendliche Lektüre der Finanzpresse. An den wenigen freien Abenden liest er sich durch Romane, Biographien und historische Werke aus seiner reichbestückten Bibliothek. Zur Zeit fesselt ihn Hermann Hesses »Mit der Reife wird man immer jünger – Betrachtungen und Gedichte über das Alter«, das er kürzlich von einer Mitarbeiterin als Geschenk erhielt.

»Ich dachte immer, Hesse sei ein distanzierter, abgehobener Mensch gewesen, aber lesen Sie einmal seine Liebesgedichte. Sie werden überrascht sein, wie tiefgründig und bewegend, wie lebensnah die sind.«

Die Freude darüber, dass die Mitarbeiterin den Weg in sein Büro suchte, um sich vom Patron mit einem kleinen Buch persönlich zu verabschieden, wird daran deutlich, dass der ansonsten so zurückhaltende Hans Vontobel so warmherzig davon erzählt.

Sein Blick schweift aus dem Fenster auf die Rämistrasse in Richtung Grand Café Odeon. »Da draussen liegt der Usterhof. Seinerzeit war das eine Wiese mit allerlei Gerümpel, die die Besitzer zu einem Phantasiepreis verkaufen wollten. Trotzdem ging ein grosser Immobilienspekulant darauf ein und begann zu bauen. Alle waren überzeugt, dass dieses Vorhaben scheitern würde, ja müsste. Und als das Gebäude bis zur halben Höhe fertiggestellt war, hatte er tatsächlich kein Geld mehr. Dann passierte etwas, das einem völlig unmöglich vorkommt: Der Bauherr zog bei der spanischen Landeslotterie das grosse Los und konnte fertigbauen.«

Sein Steckenpferd, die Geschichte Zürichs, lässt den Bankier das Essen für einen Moment vergessen: »Dort oben, Richtung Töchterschule, wurde Hans Waldmann zum Tode verurteilt.« Hans Waldmann (1435–1489) war Heeresführer, Zunftmeister und Bürgermeister der Stadt Zürich. Er legte sich mit den Patriziern und Bauern an. Seine Feinde setzten sich durch und liessen Hans Waldmann nach einem Schnellverfahren durch Enthauptung hinrichten. »Man hatte ihn wegen Hochverrats angeklagt, vermochte diesen aber nicht zu begründen. Daher organisierten seine Gegner am Tag, an dem das Gericht tagte, einen bestellten Boten, der meldete, die Österreicher seien soeben im Quartier Oberstrass einmarschiert – alles reine Intrige. Aber es reichte aus, um ihn wegen angeblichen Verrats zum Tode zu verurteilen. Es war ein absoluter Skandal. Betrachtet man allerdings, welche Skandale heute vorkommen – zumindest wird man dafür in Zürich nicht mehr enthauptet!«

Die Kellnerin tritt an unseren Tisch: »Sind Sie bedient?«

»Ja«, antwortet Hans Vontobel und fügt schmunzelnd hinzu: »Ich esse nicht so viel, stattdessen trinke ich lieber ein Glas Wein.«

Und zur Kellnerin gewandt: »Ich komme dann abends für die Reste wieder vorbei.«

Daraufhin die Kellnerin: »Ich kann Ihnen auch etwas einpacken, wenn Sie wollen.«

»Ich habe keinen Hund mehr, danke.« Und dann die Frage an mich: »Haben Sie ein Haustier?«

»Nein. Ich hätte gern eine Katze, aber ich bin viel zu wenig zu Hause.«

»Ja, Katzen haben eine starke Persönlichkeit. Wenn ich über Land gehe und einer Katze begegne, bleibe ich stehen und rede mit ihr. Wenn man ein Tier hat, muss man ihm Zeit widmen, genau wie einem Kind.«

Nachdenklich fährt Hans Vontobel fort: »Zeit, die hatte ich stets zu wenig ... ja ... das ist etwas, was ich im Leben immer wollte: ›den Fünfer und das Weggli‹, aber es geht nicht.«

Nicht alle Angebote annehmen zu können, ist wohl einer der Gründe dafür, warum aus Hans Vontobel letztlich doch kein Politiker geworden ist. »Ich konnte neben Beruf, verschiedenen öffentlichen Aufgaben und Militär nicht noch mehr machen. Ich habe insgesamt sieben Jahre Militärdienst geleistet. Für eine gewisse Zeit war ich im Vorstand der freisinnigen Kreispartei 7, doch es wurde mir zu viel.«

Zwar fehlt es ihm bis heute nicht an politischen Visionen, aber: »Öffentliche Angriffe gegen mich kann ich nicht einfach wegstecken, ich nehme alles zu persönlich. Vor ein paar Jahren habe ich mich beispielsweise für eine Anpassung des Stiftungsrechts eingesetzt. Ich erlebte viele Kundinnen und Kunden, die die Gründung einer gemeinnützigen Stiftung anstrebten. Oft scheiterte die Realisierung an der jeweils zuletzt gestellten Frage, ob im Falle einer späteren eigenen Verarmung die Stiftung widerrufen werden könne. Dies war und ist auch heute nicht möglich und somit unterblieb oft die geplante Gründung. Ich verlangte deshalb in einigen Zeitungsartikeln, dass der Stifter die Möglichkeit haben sollte, seine Stiftung während fünf Jahren aufzuheben, natürlich mit den entsprechenden steuerlichen Konsequenzen. Im ›Tages-Anzeiger‹ erschien daraufhin der Artikel eines Professors mit dem Tenor, dass es mir doch nur um das Waschen von schmutzigem Geld gehe. Das hat mich sehr getroffen. Es zeigte mir einmal mehr, dass man einer solchen Hetze völlig machtlos ausgeliefert ist.« Vontobel entspricht es nicht, anderen etwas mit gleicher Münze heimzuzahlen. »Das ist einer meiner Grundsätze: Ich bin immer für, aber nicht gegen etwas. Selbstverständlich habe ich eine persönliche Haltung zu den Inhalten oder den Personen, aber ich greife nie jemanden öffentlich an.«

Kontakte zu Politikern pflegt der Bankier nach wie vor regelmässig. Zum Gedankenaustausch trifft er Zürcher FDP-

Politiker, aber auch die Ansichten von Mitgliedern anderer Parteien, wie der Grünliberalen Verena Diener, interessieren ihn. Er bekundet allerdings Mühe mit der Schwarzweissmalerei, die in gewissen Parteien betrieben wird: »Es zählen immer nur die nächsten Wahlen. Am Wesentlichen wird vorbeigesprochen, Details hingegen erregen die Gemüter.«

Politisch geprägte Beziehungen sind dem Zürcher auch über die Grenzen hinweg wichtig. Eben engagierte er Deutschlands ehemaligen Bundeskanzler Gerhard Schröder. »Er wird über die Energieversorgung Europas sprechen. Ich habe mir überlegt, ob ich ihn einladen soll, er liegt mir politisch nicht in jeder Hinsicht. Aber ich lade auch Personen ein, die mir nicht unbedingt liegen.«

Für eine andere Veranstaltung hofft Hans Vontobel auf die amtierende Kanzlerin. »Vielleicht kann man auch einmal Angela Merkel als Referentin gewinnen, wenn sie nicht mehr im Amt ist. Diese Frau kenne ich persönlich und schätze sie sehr. Ich habe mit ihr schon diskutiert, wie wir beide jetzt. Sie ist sehr witzig und gescheit, aber im Moment in einer sehr schwierigen Position. Mal schauen, ob sie sich durchlavieren kann.«

Und er betont: »An der Spitze – ob in der Politik oder in der Wirtschaft – brauchen wir Leute mit Passion und Ausstrahlung. Menschen, die sich als Treuhänder des Volkes verstehen, die ihre Ansichten und Auffassungen dem Bürger vermitteln können. Viel zu oft zählt heute nur ein guter Schulrucksack, und es wird zu wenig darauf geachtet, wie gut gefüllt der menschliche Rucksack ist.«

»Dessert?«

Wir entscheiden uns für eine Marroni-Mousse und eine Crème Caramel ohne Rahm. Hans Vontobel, ganz Gentleman der alten Schule, würde seinen Gast nie allein vor einem gefüllten Teller sitzen lassen.

Die Geschäftsleute an den Nachbartischen diskutieren intensiv, im Restaurant ist es laut und lebhaft; wir müssen uns gegen den beträchtlichen Lärmpegel durchsetzen. Dennoch macht es Hans Vontobel sichtlich Spass, aus seinem Leben zu erzählen, eine Begebenheit nach der anderen kommt ihm in den Sinn, so auch die Begegnungen mit den Bundesräten Ernst Brugger (1914–1998) und Fritz Honegger (1917–1999), mit denen lebenslange Freundschaften entstanden.

»Fritz Honegger habe ich ab und zu in seinem Büro in Bern besucht, und wir haben über alles Mögliche diskutiert – auch Themen ausserhalb der Politik. Einmal begleitete er mich hinaus und bemerkte: ›Komm bald wieder – ich bin sehr allein.‹ Je mehr Verantwortung jemand trägt, je höher und exponierter eine Position ist, desto dünner wird die Luft. Auf dem Gipfel ist sie sehr dünn, und wer das nicht aushält, ist für ein hohes Amt nicht geeignet.«

Im Lauf der Jahre hat Hans Vontobel für sich die Erkenntnis gewonnen, dass man für seinen Einsatz und seine Leistungen keinerlei Anerkennung erwarten darf. »Sie dürfen nie etwas machen, damit man es Ihnen dankt. Dank erhält man nur aus der Sache selbst. – Oft lebt man in Spitzenpositionen sehr isoliert, wie in einem Elfenbeinturm. Und man bekommt nur das zu hören, wovon der Gesprächspartner glaubt, man würde es goutieren. Es ist beschwerlich, aber stets nötig, die Ansichten jener aufzunehmen, die nicht unbedingt zum eigenen Lager gehören. Wir brauchen sachbezogenen Widerspruch, der fruchtbar ist.«

Umgehend führt er ein Beispiel aus seinem eigenen Lebensweg an: »Ich war Verwaltungsrat einer Gesellschaft mit an der Börse kotierten Aktien. An einer Verwaltungsratssitzung im Mai jenes Jahres wurde eingangs erwähnt, die Buchhaltung sei seit längerem nicht in Ordnung und bedürfe der Überprüfung. Unter einem späteren Traktandum wurde beschlossen, eine Kapitalerhöhung durchzuführen, und meine Bank wurde damit betraut. Ich lehnte dieses Mandat kategorisch ab, worauf ich an der nämlichen Sitzung vom Präsidenten ersucht wurde, aus dem Gremium auszutreten. Keiner meiner dortigen Kollegen ergriff das Wort zu meinen Gunsten. Ich trat unverzüglich zurück.«

Hans Vontobel streicht über sein geordnetes graues Haar: »In diesem Land fehlt es vielerorts an Zivilcourage, ein Ausdruck, der seinerzeit von Otto von Bismarck, dem Eisernen Kanzler, geprägt wurde.« Er fügt ein weiteres Beispiel an: »Ein Verwaltungsratsmitglied unserer Holding – das Ereignis liegt schon manches Jahr zurück – drückte in einem Gespräch seine Kritik an einer von meinem Sohn präsidierten Sitzung aus. Auf meine Frage, warum er nicht eingegriffen habe, entgegnete er, er erlaube sich nicht, einem Träger des Namens Vontobel zu widersprechen. Ich habe meinem Sohn geraten, diesen Mann bei nächster Gelegenheit zu ersetzen. Falsch verstandene Loyalität! Noch ist der ›Herr-im-Haus‹-Standpunkt weit verbreitet, entsprechend gering die Bereitschaft, sich mit einer eigenen Ansicht zu exponieren. Bei süddeutschen bejahrten Firmenbesitzern und bei japanischen Managern in Tokio habe ich immer wieder erlebt, dass nur Zustimmung gefragt war. Das ist der Anfang vom Ende jedes prosperierenden Unternehmens. – Ist der ganze Swissair-Kollaps letztlich nicht auf die Tatsache zurückzuführen, dass nur die wenigsten ihrem Sitznachbarn im Verwaltungsrat weh tun wollten? Es braucht auch Mut oder Zivilcourage, den Experten, Spezialisten oder Technikern auf den Kopf zuzusagen, man glaube ihnen nicht. Der sogenannte Fachmann sieht aber oft nicht das Entscheidende eines Problems.«

Apropos Swissair: »Ich versuche im Gespräch jeweils die Persönlichkeit meines Gegenübers ganzheitlich zu erfassen. Dabei achte ich sehr auf Gestik und Mimik sowie auf Zwischentöne. So habe ich seinerzeit die Wahl eines Kandidaten in eine leitende Position abgelehnt, den ich im Gespräch als äusserst intelligent und eloquent einstufte, dem es aber meinem Empfinden nach an Persönlichkeit mangelte. Er ist später zu einem der Hauptakteure im Swissair-Debakel geworden.«

Das Restaurant leert sich, zwei Stunden sind wie im Flug vergangen, doch Hans Vontobel signalisiert, dass uns noch etwas Zeit bleibt: »Nehmen Sie einen Kaffee?«

»Ja, gern, einen Espresso.«

Hans Vontobel bestellt, und für sich selbst einen Doppelten.

»Haben Sie in der Kronenhalle je eine wichtige Entscheidung gefällt?«

»Ich habe in Restaurants – auch in denjenigen, die mir noch so sympathisch sind – nie eine wichtige Entscheidung getroffen. Vielleicht mit einer Ausnahme: Ich führte zwischen 1950 und 1960 Verhandlungen zur Plazierung von Auslandsanleihen in der Schweiz in einem eigens dazu gegründeten Syndikat. Und wenn ich mich richtig erinnere, sind die entscheidenden Vorbesprechungen hier in der Kronenhalle erfolgt.«

Wenn der Privatbankier eine Entscheidung zu treffen hat, versucht er, den Sachverhalt möglichst von allen Seiten zu beleuchten. »Ich hole die Ansichten anderer ein, auch von Spezialisten. Im Grunde entscheide ich dann aber immer aus mir selbst heraus. Oft unterliegt man dem Irrtum, man könne ein Problem nur durch Nachdenken und ohne Emotionen lösen. Man glaubt sogar, es vielleicht schon gelöst zu haben, und mitten in der Nacht erwacht man und beginnt zu zweifeln.«

»Wie lautet Ihr Rezept?«

»Ich versuche wieder einzuschlafen; dabei hilft mir meine langjährige Erfahrung, dass ich es vielleicht schon am andern Morgen weiss. Es ist ein Wissen, wie es auch Saint-Exupéry formuliert hat: Die wichtigsten Entscheidungen kommen aus dem Bauch.«

Ein letzter Blick in die Vergangenheit, während Hans Vontobel die Rechnung verlangt: »Mein Vater holte jeweils am Sonntagabend die ›Neue Zürcher Zeitung‹. Am Bellevue priesen die uniformierten Verkäufer das Morgenblatt vom

Montag an – für 25 Rappen pro Stück. Im Morgenblatt erfuhr man die brandneuen Ereignisse, wie beispielsweise kurz nach Kriegsende die Mitteilung vom Freitod eines bekannten Zürcher Bankiers, der mit seiner Bank, die damals zu einer der sechs grössten der Schweiz zählte, einseitig auf deutsche Aktien gesetzt hatte. Noch sehe ich sie vor mir, diese braven und zumeist etwas beleibten Familienväter vom Zürichberg, die wie mein Vater so gegen 18 Uhr zum Bellevue hinunterstrebten; hie und da musste oder durfte ich meinen Vater begleiten. Manchmal ging man nachher in der Kronenhalle etwas essen. – Die Kronenhalle gehörte einfach zum geordneten Lebenslauf eines gutsituierten Zürchers. Man traf sich mit Gesinnungsfreunden aus der Unternehmerwelt, diskutierte die scheinbar allerorts missratenen Söhne und kehrte schliesslich verspätet nach Hause zurück, um der ungeduldig harrenden Gattin ein Stück Torte aus der Kronenhalle zur Versöhnung zu überreichen.«

»Missratene Söhne?«

»Ich versuche, die Generation, die vor uns war, zu verstehen. – Damals musste man sich unterordnen und gehorchen. Meine Generation vertrat eine eigene Meinung. Ich versuchte, diese offen und ohne allzu grosse Emotionen darzustellen. Und das ist eben nicht immer gut angekommen. Mein Vater hat mich wahrscheinlich oft nicht verstanden. Ich war für ihn ein schwieriger Sohn.«

Hans Vontobel nimmt Mantel und Hut, durchquert mit zügigem Schritt das Restaurant und verlässt es Richtung Bellevue. Draussen wartet kein Chauffeur, um ihn zurück ins Büro zu bringen, er ist geradezu bekannt für seine Bescheidenheit und wählt, wenn immer möglich, die Strassenbahn oder geht zu Fuss.

»Heute bin ich zu faul. Ich war am Morgen bereits eine Stunde im öffentlichen Hallenbad in Zumikon, das genügt.«

»Eine Stunde? Ich schwimme jeweils vierzig Minuten.«

»Sie müssen wissen, ich bin stur. Wenn ich beispielsweise bei einer Wanderung an eine Gabelung komme, dann gehe ich grundsätzlich den steileren Weg. Manchmal denke ich zwar, was bin ich eigentlich für ein dummer Kerl. Ich hätte es mir doch so leicht machen können. – Deshalb: Bei mir muss es eine Stunde sein, vierzig Minuten … ach, nein.«

Der 90-jährige Bankier steigt ins Tram, Richtung Bahnhofstrasse 3.

SCHAUPLATZ — 02

»Mein Credo lautet: Quand même – Trotzdem«

Hans Vontobel über Vontobel, seinen Vater als Chef und das Geheimnis seiner Erinnerungsstücke im Büro

Die letzten Wochen im Jahr und die letzten Tage für Hans Vontobel in seinem Büro an der Bahnhofstrasse 3 – nach über vierzig Jahren heisst es, Abschied zu nehmen. Die Bank Vontobel verlässt die noble Adresse und ist ab sofort an der Gotthardstrasse zu finden. Im Büro von Hans Vontobel bemerkt man allerdings nicht viel von Umzugshektik: alle Unterlagen befinden sich noch an ihrem Platz, keine Kisten stören den geregelten Ablauf. Lediglich in der Wandgarderobe gähnt ein Loch: »Meine Sekretärin braucht die Holztüre für die neuen Räumlichkeiten, ich glaube, es geht um die Farbe.«

Der Bankier trägt einen eleganten Anzug, an diesem Tag einen dunklen. Nach unserem Gespräch nimmt er an einer Abdankung teil. Hans Vontobel begleitet einen engen Freund auf seinem letzten irdischen Weg. Auf meine Beileidsbekundung antwortet er lakonisch: »Das ist der Lauf der Dinge.«

Der stets kontrolliert und beherrscht wirkende Privatbankier wechselt abrupt das Thema und kommt auf eine seiner Liebhabereien – die Geschichte Zürichs – zu sprechen.

Für Hans Vontobel haben die Räumlichkeiten an der Bahnhofstrasse 3, wie übrigens für alle alteingesessenen Bankiers oder Börsianer, eine besondere historische Bedeutung.

»Hier wurde ab der zweiten Hälfte des 19. Jahrhunderts gehandelt. Genau an diesem Ort befand sich die alte Börse, bevor sie 1929 an die Ecke Bleicherweg/Talstrasse umzog, wo sie bis vor einigen Jahren zu finden war. Man kann immer noch den Ring unten im Parterre erkennen. Und hier fand auch statt, was seither nie wieder passierte: 1886 gab es einen Streik der Börsianer. Der Kanton führte ein Börsenreglement mit eigener Börsenaufsicht ein, um gegen Missstände vorzugehen. Der Streik nützte nichts. Die zweifache Aufsicht wurde eingeführt und blieb bestehen, bis das elektronische Zeitalter die Börse hundert Jahre später erreichte.« Obwohl dieser Streik heute weitgehend vergessen ist, findet Hans Vontobel es interessant, daran zu erinnern: »Man hätte doch nie erwartet, dass die Börsianer, diese Kapitalisten, streiken.«

Die Nähe der Bank Vontobel zur Börse war nicht nur eine örtliche: In seinen Anfängen war das heutige Bankinstitut eine klassische Börsenagentur, zunächst unter dem Namen Haeberli & Cie. Wie dreissig weitere, ebenfalls an der Börse vertretene Banken oder Agenturen kaufte und verkaufte Haeberli Aktien und Obligationen für Dritte, darunter Privatpersonen oder andere Bankinstitute, und verdiente ausschliesslich an den Kommissionen. Der damalige Eigentümer Emil Haeberli starb 1936 überraschend. Da ein Nachfolger fehlte, wurde der Weg für den 51-jährigen Jakob Vontobel (1885–1976) frei, der sich während 15 Jahren bei der ältesten Zürcher Bank, der Bank Leu & Co., emporgearbeitet hatte.

Jakob Vontobel verzichtete nach der Schule auf ein Studium, um für seine Mutter zu sorgen, nachdem der Vater die kleine Familie sitzengelassen hatte. Nach einer kaufmännischen Lehre im Zürcher Waisenamt wechselte er ins Bankwesen und eignete sich die juristischen und ökonomischen Kenntnisse später in Vorlesungen und im Selbststudium an. Da Jakob Vontobel 1936 bei der Bank Leu keine weiteren Aufstiegsmöglichkeiten sah, ergriff er mit Haeberli & Cie. die Chance zur Selbständigkeit und dies, obwohl die Schweiz zu jener Zeit eine der schlimmsten Wirtschaftskrisen erlebte und Freunde ihm heftigst davon abrieten.

»Wir Vontobels folgen nie der grossen Herde.«

Sohn Hans war gerade zwanzig Jahre alt und bereitete sich auf sein Studium vor, als der Vater den Schritt in die Selbständigkeit wagte. Während seiner Gymnasialzeit zeigte der Junge grosses Interesse an Biologie und Medizin, züchtete Kaninchen und war schon morgens um fünf Uhr in seinem Schrebergarten anzutreffen. Sein erstes Geld verdiente der Teenager mit einem Zeitungsartikel in der beliebten Zeitschrift »Tierwelt« über »Dominante und intermediäre Vererbung in der Tierzucht aufgrund der Mendelschen Vererbungslehre«. Er bewunderte den damals bekannten Chirurgen Professor Oskar Winterstein, übrigens ein Cousin seiner Mutter. Alles deutete folglich auf eine naturwissenschaftliche Laufbahn hin, und doch ist er dem familiär vorgezeichneten Weg gefolgt: Statt Medizin oder Biologie studierte Hans Vontobel Jura und wurde Bankier – »im Alter rund um die Matur ist man in einer Art ›Gärzustand‹, noch halb pubertär, und man weiss nicht, was man tun soll« –, 1943 trat er schliesslich in das Familienunternehmen ein.

»Welche Ziele hatten Sie damals vor Augen?«

»Ich möchte ehrlich sein: keine bestimmten. Mein Vater ordnete an: ›Du kommst zu mir‹, und ich habe das akzeptiert. Ins Ausland konnte ich wegen des Kriegs noch nicht, deshalb ging ich vorher für ein Jahr nach Genf zur Bank Pictet. Zurück in Zürich heiratete ich früh, wir bekamen ein Kind, und ich verdiente 475 Franken im Monat, das übliche Gehalt damals. Mein Vater hat mich weder bevorzugt noch benachteiligt.«

Hans Vontobel spricht von einer Zeit, in der nicht gross über persönliche Ziele nachgedacht oder gar diskutiert wurde, in der man an eine Position gestellt wurde und diese auszufüllen hatte.

»Das war alles andere als gemütlich. Jeden Sonntag Punkt 16 Uhr musste ich bei meinem Vater antreten. Er schaute bereits die neue Post an, die man schon im Postfach im Hauptbahnhof abholen konnte. Und am Nachmittag rief er zur Befehlsausgabe. – Ich hätte gern gewechselt, egal wohin, aber das ging nicht, weil es so viele Arbeitslose gab.«

Nicht anders verlief es bei der Zuteilung der Büroräume: »Mein Vater hat mir damals diesen Raum zugewiesen«, erinnert sich Hans Vontobel, »als wir 1964 von der Bahnhofstrasse 58, wo wir mit zwölf Angestellten begonnen haben, gleich neben dem Spielzeugverkäufer Franz Carl Weber, an die Bahnhofstrasse 3 mit Platz für siebzig Mitarbeiter zogen.«

Ein Wechsel des Büros stand nie zur Diskussion, nicht einmal nach dem Tod des Vaters. Noch immer stehen dieselben Möbel darin. »Und zwar jene, die seinerzeit auch meine Frau mit ausgewählt hatte«, betont er. Auffallend das Sofa aus olivgrünem Leder, eingefasst in dunklem Holz; passend dazu ein Tisch, ein grosses Pult und eine Garderobe – alles aus demselben dunkelbraunen Holz. Das Sofa ist für die Gäste reserviert, Hans Vontobel nimmt Platz in einem geschwungenen Sessel, dessen abgewetztem Bezug aus grünkariertem Samt man die Jahre ansieht. »Ich liebe die Farbe Grün, ich mag auch Braun sehr gern, und vor allem die Kombination der beiden Farben. Grün repräsentiert für mich die Zukunft, an die ich glaube.«

Hans Vontobels Büro muss, wenn er den Ausdruck benützen dürfe, heimelig sein: »Dazu gehört für mich Holz. Und ich brauche Kunstwerke, die mir nahe sind – ich bin in meinen Vorlieben, was die Kunst betrifft, sehr speziell. Nicht zuletzt will ich auch persönliche Erinnerungsstücke um mich haben.«

Wie die vier gerahmten Photos auf einer Kommode.

»Ihre Kinder?«

»Enkel«, korrigiert Hans Vontobel.

»Und wo stehen Ihre Kinder?«

»Das ist eine Frage, die ich mir auch gelegentlich stelle. Ich glaube, mein Verständnis für meine Kinder war nicht gross genug. Ich nahm mir zwar neben der Arbeit immer wieder Zeit, wanderte beispielsweise mit ihnen, meist zu ihrem Leidwesen, aber ich hätte mir für sie mehr Zeit nehmen müssen. Und sie gingen relativ früh ihre eigenen Wege. – Jetzt habe ich mehr Zeit und ich nehme mir mehr Zeit.«

Hans Vontobel senkt den Blick. »Ich versuche, das Einvernehmen mit meinen Kindern zu erhalten, zu verbessern. Inzwischen bin ich zur Einsicht gelangt: Der Ältere muss die Hand hinstrecken, nicht der Jüngere. Der Ältere muss das Gespräch suchen, die Jungen leben in ihrer eigenen Welt, und die versuche ich zu verstehen. Vielleicht war ich seinerzeit auch so. Heute widme ich mich auch sehr meinen Enkelinnen, Grossnichten und -neffen.«

Genug der Besinnung, die kräftigen Hände des Bankiers deuten auf drei Vogelplastiken aus Holz und Blech, die auf dem Fenstersims posieren. »Hier haben wir einen Pelikan, einen Flamingo und eine Möwe. Diese Vögel sind Geschenke. Sie erinnern mich an bestimmte Menschen und Ereignisse. Ganz abgesehen davon erlaube ich mir gelegentlich die Bemerkung, das seien einige der vielen Vögel, die in dieser Bank tätig sind!«

In den klaren, blauen Augen blitzt der Schalk. Sein Humor mag ihm wohl manch schwierige Situation in seiner lebenslangen Bankkarriere erleichtert haben.

Bei seinem Eintritt 1943 sah die Finanzwelt noch anders aus: »Wenn unsere Börsianer am Mittag vom Handel zurückkamen, wurde während des ganzen Nachmittags von Hand abgerechnet. Am Abend übergab jeweils einer der Prokuristen meinem Vater einen kleinen Zettel mit dem Tagesergebnis. Wir mussten pro Tag 300 Franken verdienen, dann hatten wir wenigstens die Spesen drin.«

Umso nachvollziehbarer, dass ihm ein Sonntag Anfang der 1950er Jahre unvergessen bleibt: »Ich bin mit meiner Frau über Land gebummelt. Voller Stolz erzählte ich ihr von unserem tollen Jahresabschluss: Wir hatten 200 000 Franken Gewinn gemacht!«

Der Arbeitstag begann für Hans Vontobel jeden Morgen um acht Uhr: »Wenn ich mich nur zehn Minuten verspätet hatte, holte mich das schlechte Gewissen ein.«

Disziplin und Durchhaltewillen verlangten auch die vielfältigen Aufgaben, die auf den Junior warteten. Die letzten Kriegsjahre überschatteten alles, die Börse führte ein stilles Dasein, Umsätze und Kommissionseinnahmen brachen ein. Einmal wurde die Börse gar für zwei Monate geschlossen. Das war für die Bank Vontobel geradezu existenzbedrohend, erinnert er sich an seine Anfangszeiten. Vorausschauend hatte sein Vater in den beiden guten Jahren 1936/37 – nach der Aufwertung des Schweizer Frankens – einen treuen Kundenstamm aus vermögenden Privatkunden und vor allem aus Regionalbanken aufgebaut, was sich nun auszahlte. Zudem lebte er nach dem konservativen Grundsatz, den erarbeiteten Profit im Geschäft zu belassen und damit die Kapitalbasis jährlich zu verbreitern; schliesslich hatte er die Sanierung namhafter Schweizer Banken nach dem Börsensturz 1929 direkt miterlebt.

»Wir folgten keiner langfristigen Strategie mehr, sondern griffen nach jeder seriösen Geschäftsmöglichkeit, die ein paar Franken einbringen konnte«, beschreibt Hans Vontobel die schwierige Wirtschaftslage, die manchmal zu eigenartigen Situationen führte: »Mein Vater half einem jüdischen Emigranten mit einem Kredit und erhielt dafür eine Sicherheit, die man nun wirklich nicht als solche bezeichnen kann: Der Kunde ›verpfändete‹ seine Bibliothek, ohne uns dazu den Schlüssel zu geben. Eigentlich vergaben wir keine Kredite, und schon gar nicht gegen ein solch unsicheres Pfand. Trotzdem machte mein Vater eine Ausnahme.« Ein Entscheid, der sich als Glücksfall erwies: Kurz nach Kriegsende brachte der Büchersammler das Haus Vontobel in Verbindung mit einer angesehenen Privatbank in Kopenhagen. »Über diese Bank haben wir während Jahren ganz offiziell die dänischen Staatsanleihen und die Anleihe der Stadt Kopenhagen am Markt zurückgekauft. So wurde das Ganze doch noch zu einem lukrativen Geschäft.«

Wenn nicht der vielzitierte Zufall solche Kunden in die Bahnhofstrasse führte, war Phantasie gefragt. Die Bank verschickte zum Beispiel im Auftrag ihrer Kunden an deren Bekannte im kriegsversehrten Ausland Pakete mit Zucker und Grundnahrungsmitteln, manchmal sogar mit Kaffee, gegen eine bescheidene Gebühr.

Machtlos standen Vontobels hingegen der Tatsache gegenüber, dass sie 1944, gegen Ende des Krieges, plötzlich auf der schwarzen Liste der Alliierten auftauchten und von da an keine ausländischen Papiere mehr ohne Mitwirkung einer Grossbank handeln durften.

»Wie konnte das geschehen?«

»Reine Missgunst! Ich wurde aufs britische Konsulat zitiert, weil man uns verdächtigte, Feindesgelder zu betreuen. Es gab drei Vorfälle, die den Verdacht der Alliierten erregt hatten. Uns wurde vorgeworfen, wir hätten zehn Nestlé-Aktien gekauft, die aus Raubgut stammten. Als wir diesem Vorwurf nachgingen, stellte sich heraus, dass uns die Titel von einem befreundeten deutschen Banker verkauft worden waren, der diese aus einem Nachlass besass und uns gegenüber eine Erklärung unterzeichnet hatte, dass sie keineswegs unlauter erworben seien, geschweige denn Raubgut. Der zweite Vorwurf basierte darauf, dass meine Schwester Ruth mit einem deutschsprechenden Herrn im Hotel Storchen gesehen worden war. Das war wirklich lächerlich, denn es handelte sich bei diesem Herrn um ihren Verlobten, einen Schweden, der das Schweizerdeutsch nicht beherrschte. Und dann gab es noch die Sache mit dem Telegramm, das wir nach Portugal geschickt hatten und in dem kriegswichtige Codierungen vermutet wurden.« Erst nachdem die Bank einen geeigneten Anwalt eingeschaltet hatte, der die Vorwürfe widerlegen konnte, wurde der Name Vontobel von der Liste gestrichen.

Und noch einmal wurde Hans Vontobel mit dem Thema »Zweiter Weltkrieg und die Schweiz« konfrontiert. Der Vorwurf, dass jüdische Vermögen auf Schweizer Banken lagerten und den rechtmässigen Besitzern vorenthalten wurden, erschütterte die Weltöffentlichkeit. Das 1996 von der Schweizerischen Bankiervereinigung und zwei jüdischen Organisationen ins Leben gerufene Volcker-Komitee – es hatte die Aufgabe, den nachrichtenlosen Vermögen bei Banken und Versicherungen nachzugehen, die möglicherweise von Holocaust-Opfern eingerichtet worden waren – fand bei der Bank Vontobel allerdings keine nachrichtenlosen Vermögen. Jakob Vontobel kannte bei der damals noch bescheidenen Grösse des Bankhauses beinahe jeden Kunden persönlich und »wir gingen jeder Anfrage von jüdischen Familienangehörigen nach«, erinnert sich Hans Vontobel.

Zurück zur Nachkriegszeit.

»Wir mussten Neues ausprobieren, und das war eine meiner vordringlichsten Aufgaben.« Hans Vontobel beginnt damit, das Kleinkreditgeschäft aufzuziehen. »Ein bis zwei Jahre haben wir das gemacht, und es ist recht gut gelaufen. Doch wir kamen zum Ergebnis, dass das, abgesehen vom enormen Aufwand, nicht unsere Kundschaft war – ich konnte nicht hingehen und arme Menschen, und viele von ihnen waren damals sehr arm, mahnen und noch den letzten Rappen aus ihnen rauspressen, das passte nicht zu einer Privatbank. Also gaben wir das Abzahlungsgeschäft auf und ich musste auf ein anderes Pferd setzen.«

Aus Angst vor einer grossen Krise wurde nach dem Krieg nur äusserst vorsichtig investiert. In dieser Zeit fiel Hans Vontobel auf, dass Industriebetriebe, Unternehmen und Stadtverwaltungen zeitweise über enorme finanzielle Reserven ver-

fügten, während andere über eine zu geringe Liquidität klagten. Seine Schlussfolgerung: »Man muss diese zusammenbringen, und wir verdienen die Kommission. Ein Unternehmen der Konservenindustrie brauchte während der Erntezeit Geld, um Früchte einzukaufen; die Stadtkassen verfügten just zu diesem Zeitpunkt über Steuereinnahmen, die – ungenutzt – wenig Geld einbrachten.« Eine einleuchtende Geschäftsidee, die eigentlich auf der Hand lag, die aber einen Katalysator benötigte, um sich durchzusetzen. »Es gibt viele Chancen, und trotzdem lässt man sie oft ungenutzt verstreichen.« Auch ihm trauten nicht alle: »Die Stadtkasse von Bern bekam von uns jeweils vor dem Eingang der Steuergelder kurzfristiges Geld. Einmal besuchte ich den Stadtbuchhalter, denn ich wollte die Leute kennenlernen. Er empfing mich mit den Worten: ›Ich brauche kein Geld, ich habe genug.‹ Dabei wollte ich ihn doch nur darauf aufmerksam machen, dass er die Steuereinnahmen besser verwalten könne. Und so erwiderte ich: ›Jetzt machen wir es einmal umgekehrt. Sie geben Geld ab! Ich kenne ein Unternehmen im Thurgau, das Interesse daran hat.‹ Doch der Stadtbuchhalter winkte ab, er gebe kein Geld über die Kantonsgrenzen hinaus, das sei Spekulation.«

Gegenwind spürte Vontobel Junior auch aus der eigenen Zunft: »Eines schönen Tages rief mich ein Freund an, der in der Geschäftsleitung des Verbandes Zürcher Kreditinstitute sass. ›Wir sehen solche Geschäfte nicht gern.‹ Da habe ich gewusst, dass wir das nicht mehr machen dürfen.« Jakob und Hans Vontobel wollten es nicht riskieren, sich mit den Grossbanken zu überwerfen: »Auch wenn ich, wie die Geschichte ja gezeigt hat, recht behalten hätte, längerfristig hätte man es mir heimgezahlt, zum Beispiel im Emissionsgeschäft.« Die Ausgabe von Anleihen und Obligationen war zu jener Zeit den Grossbanken und den Kantonalbanken vorbehalten: »Man hätte mir mit Sicherheit weniger grosse Unterbeteiligungen offeriert.«

Hans Vontobel »fluchte im stillen Kämmerlein«, wollte aber nicht kampflos aufgeben und legte kurzerhand im Alleingang eine Anleihe nach der anderen für Kantone und Städte auf. Um in dieser Liga mitzuspielen, musste Vontobel mehrere Millionen Franken plazieren, was für eine Bank dieser Grösse keine einfache Sache war. »Obwohl uns alle prophezeiten, das gäbe einen Flop, wurde es ein grosser Erfolg.« Die Grossbanken waren nicht begeistert davon, dass eine Privatbank in ihr Geschäftsfeld vorstiess, aus dem später das sogenannte Investmentbanking hervorging. Und sie zeigten ihren Unmut deutlich, Hans Vontobel wurde telefonisch zum Vorsitzenden der Geschäftsleitung einer der Grossbanken zitiert. »Er versuchte mich zu beeinflussen: ›Sie machen das nun, aber wir haben ja das Grossbanken-Syndikat. Es wäre natürlich schöner, wenn das über uns, den Zusammenschluss der Grossbanken, laufen würde. Legen Sie es uns zukünftig zur Genehmigung vor, wir sind sehr grosszügig.‹«

Ein paar Monate später entsprach Hans Vontobel diesem »Wunsch« und präsentierte eine Emission für einen ausländischen Schuldner. »Ich hatte die Idee zu einer erstklassigen Anleihe mit einem englischen Schuldner – ausgezeichneter internationaler Name –, und konnte dafür ad hoc ein paar andere Privatbanken gewinnen. Wir legten diese Anleihe jenem Vertreter der Grossbank vor. Er behauptete, die Bonität des britischen Schuldners liege unter dem schweizerischen Niveau, das entspreche nicht dem Standing der schweizerischen Banken und legte sein Veto ein. Drei Monate später machte er es selbst.«

Um gegenüber den Grossbanken mehr Gewicht zu erlangen, lancierte Hans Vontobel daraufhin das dauerhafte Syndikat der Gruppe Zürcher Privatbankiers, zu der neben der Bank J. Vontobel & Co. die Julius Bär & Co., die Rahn & Bodmer sowie die St. Galler Privatbank Wegelin & Co. gehörten.

»Man macht sich keine Vorstellung davon, wie einem ›das Bein gestellt wird‹, wenn man versucht, etwas Neues einzuführen«, kommentiert Hans Vontobel inzwischen gelassen. Selbst Freunde hätten eher abgeraten, wenn er etwas Neues ausprobieren wollte. Sein Fazit: »Gewisse Dinge muss man unter Umständen trotzdem machen. Mein Credo lautet deshalb ›Quand-même – Trotzdem‹. In der Regel hat es funktioniert.«

Dieses ›Immer-wieder-neu-ausprobieren‹ und ›Widerständen-trotzen‹ dürften in Hans Vontobels Berufsleben eine Art Lebenselixier gewesen sein. Bei der Frage, welche Herausforderung ihm besonders Freude bereitet habe, denkt er etwas länger nach: »Es ist so: Wenn ich etwas Neues beginne, dann geschieht das anfangs nicht unbedingt mit Enthusiasmus. Ich taste mich an ein neues Gebiet oder Projekt zunächst behutsam heran. Je erfolgreicher ich bin, umso grösser ist die Freude. Und diese ist am grössten, wenn mir das Vorhaben entgegen der Voraussage meiner Freunde und Konkurrenten gelingt.« Bei aller Risikobereitschaft rechnet er durchaus auch mit Misserfolgen. »Das gehört einfach dazu. Wenn Sie nichts riskieren wollen, können Sie nichts gewinnen. Allerdings konnte ich immer sagen: ›Wenn alles schiefgeht, wenn der schlechteste Fall eintritt, kann ich doch gut schlafen.‹«

Hans Vontobel unterbricht den Exkurs in die Anfänge seiner Bankentätigkeit und deutet auf ein Nashorn in seiner Vitrine, das ihn an eine Reise durch Südafrika erinnert. Und er gesteht seine Vorliebe für Hochprozentiges. »Sie sehen daneben, wenn ich abschweifen darf, meine Whisky-Flaschen. Eine Leidenschaft, die ich mir gönne und die mich schon lange begleitet.« Zwei Situationen sind es, in denen er sich gern ein Glas genehmigt: Wenn er ein unangenehmes Ereignis gedanklich liquidieren will, »allerhöchstens zwei, das ist die obere Grenze«. Und wenn er frohgemut einen schönen Augenblick noch etwas verschönern oder diesen zum Verweilen einladen möchte, »auch dazu passt ein guter Whisky«.

Nicht schlecht staunte seinerzeit die Preisträgerin des Vontobel-Preises am Institut für Tierzucht der ETH Zürich, als ihr Laudator Hans Vontobel gestand: »Sie sind mir ausgesprochen sympathisch, denn Sie haben in Ihrem Vorwort geschrieben, dass Sie in schwierigen Situationen einen Whisky getrunken haben. Auch ich bin in schwierigen Situationen für einen guten Whisky dankbar.«

Hans Vontobel hat die Angewohnheit, sein Vis-à-vis intensiv zu fixieren, wenn er erzählt. Dabei versichert er sich jeweils mit einem prüfenden Blick, welche Reaktionen seine Worte auslösen. Der ehemalige Oberst im Generalstab hat auch mit neunzig Jahren nichts von seiner Zielstrebigkeit verloren, manchmal scheint ihm selbst die kürzeste Pause zu lang, und schon sind wir mitten in der nächsten Geschichte aus seiner Geschichte. »Ich habe in den 1950er Jahren das Börsengeschäft mit den schweizerischen Lokalbanken und Sparkassen aufgebaut und besuchte sie regelmässig. Heute würde man sagen, die Verwalter waren weitgehend Amateure, da sie die Aufgaben in der Bank quasi neben vielen anderen Tätigkeiten erledigten. So konnte es bei einem Besuch im Kanton Bern schon mal vorkommen, dass der Lehrling noch der einzig Anwesende im Schalterraum war und sagte: ›Der Chef ist beim Heuet.‹«

Die intensive Pflege des nationalen Kundenstamms zahlte sich für den umtriebigen Jungbankier und das Familienunternehmen besonders in der Krise der 1960er Jahre aus: Die amerikanische Leitbörse verzeichnete Ende Mai 1962 den grössten Kursverlust seit 1929. Auch in der Schweiz purzelten die Werte an der Börse um fast 13 Prozent. Obwohl die fünfjährige Baisse seine Bank äusserst hart traf, hielt Hans Vontobel nicht nur am Kerngeschäft, Wertschriftenhandel, fest; er baute es gar aus und suchte nach Möglichkeiten, die Kunden zum Kauf von Wertpapieren zu motivieren. Dies tat er zum einen mit mehr Informationen über die Finanzmärkte. Neben Artikeln, vor allem in der »NZZ«, publizierte er die Schriftenreihe »Streiflichter«, in der er aktuelle Themen wie das »Rendite-Denken« und »Die Freizeitindustrie« analysierte oder den

Blick über die Grenzen auf neue Märkte lenkte wie Japan, »Der junge Wirtschaftsgigant«. Das bestehende Angebot mit asiatischen und skandinavischen Aktien zu vergrössern war seine Absicht, selbst wenn die Mehrheit seiner Kollegen diese Titel zu jener Zeit noch als exotisch und unseriös ablehnten. Um sein Ziel zu erreichen, reiste Hans Vontobel nach Japan, Mexiko und in viele andere Länder: »Das war aufregend, denn es ging darum, die richtigen Kontaktpersonen zu finden.«

Seine Neugier und Offenheit verhalfen dem jungen Bankier auf seinen Missionen zu ausgezeichneten Beziehungen. »Wann immer sich auf meinen Reisen die Gelegenheit ergab, ging ich ganz unbeschwert zu fremden Banken und bat um ein Gespräch mit dem Geschäftsinhaber, was meist klappte. So auch einmal in Berlin. Ich flanierte den Kurfürstendamm hinunter und entdeckte plötzlich das Schild Delbrück & Co. Privatbankiers. Die gehören doch ins Ruhrgebiet, dachte ich, ging hinein und verlangte nach dem Geschäftsführer. Man führte mich zu Marcus Bierich, dem späteren Finanzchef des Mannesmann-Konzerns, bevor ihn die Allianz-Versicherung holte und er anschliessend oberster Mann im Bosch-Konzern wurde.«

Ähnlich erging es Hans Vontobel bei einem Besuch in Fribourg, als er vor der Abfahrt des Zuges noch Zeit hatte. Kurz zuvor war der letzte de Weck der Gründerfamilie aus der damals noch bestehenden Fribourger Privatbank Weck, Aebi & Cie. gestorben. »Ich ging hinein und sagte: ›J'aimerais parler au successeur de Monsieur de Weck.‹ Man führte mich zu einem jungen Mann, der sich mit den Worten vorstellte: ›Je m'appelle Philippe de Weck. Vous savez, je suis avocat, du métier bancaire je n'en sais rien.‹ Das war Philippe de Weck, der spätere Präsident der Schweizerischen Bankgesellschaft.«

Erstaunlich, dass der Privatbankier, der stets korrekt und zurückhaltend auftritt, so spontan auf Menschen zugeht. Ist ihm seine Kontaktfreude in die Wiege gelegt worden? Seine

Mutter Emma, »eine sehr herzliche Frau, war stets ein Vorbild für mich. Meine Mutter hat immer an mich geglaubt.«

Hans Vontobels Blick drückt tiefe Verehrung aus.

»Sie, als Tochter einer Deutschen, hat immer, wenn ich erfolgreich war, gesagt: ›Hans, das ist dein Schwabenblut‹ – was ich allerdings nicht glaube!«

Vater Jakob war in den Augen von Sohn Hans ein guter Akquisiteur.

»Nach dem Zweiten Weltkrieg hat er als erster Schweizer Bankier die deutschen Berufskollegen besucht und dort in Luftschutzbunkern übernachtet. Andere scheuten diesen Aufwand. Ihm hat man das hoch angerechnet, und es hat uns viele deutsche Kunden gebracht.«

Ansonsten war ihm der Vater aber viel mehr ein Beispiel dafür, wie er es nicht machen wollte.

»Mein Vater gehörte zur Generation, die nicht lobte, sondern gern und ausgiebig kritisierte. Mein wichtigstes Führungsinstrument dagegen ist das Lob. Ich versuchte, meine Mitarbeiter an Stellen zu plazieren, an denen ihre Stärken zum Tragen kommen konnten. Mein Vater hat auch ganz gern, so glaube ich, für mich jene ›Rosinen‹ im Arbeitsplan herausgesucht, die besonders schwierig zu ernten waren, und mich damit meinem Schicksal überlassen.«

Hans Vontobel, der sowohl als Sohn wie als Vater Bankier war, ist zur Einsicht gelangt, dass das Verhältnis zwischen Vätern und Söhnen ein ambivalentes ist, erst recht, wenn sie sich im selben Berufsumfeld bewegen.

»Man hat den Vater vielleicht gern und schätzt ihn durchaus, aber gerade weil er etwas tut oder empfiehlt, macht man es nicht oder macht es anders. Mein Vater war beispielsweise ein begeisterter Golfspieler und wollte, dass ich ebenfalls Golf spiele. Genau deshalb habe ich es nicht getan.«

Ein weiterer Gegensatz zum sehr geselligen Senior: »Ich hatte immer die Uhr vor Augen, aber ich bemühte mich, stets korrekt zu sein. – Ich suche nach Möglichkeit den Kon-

takt mit den Menschen und besuche oft auch die Mitarbeiter der Bank in ihren Büros. Ich glaube, es ist wichtig, dass man miteinander kommuniziert, zusammenkommt und Gedanken austauscht. Es entstehen leicht Missverständnisse, und je grösser der Betrieb ist, desto grösser ist diese Gefahr. – Vor kurzem habe ich von einem unserer Direktoren verlangt, dass er mindestens jede Woche einmal in den Büros seines Teams vorbeischaut. Natürlich hat er zugestimmt, aber ob er es macht ...? – Man darf Mitarbeiter nicht nur als Mitarbeiter betrachten, man muss sie auch als Menschen kennenlernen wollen und vielleicht auch etwas über ihr persönliches Leben in Erfahrung bringen.«

Hans Vontobel blickt kurz zur Seite, dann richtet er sich auf und erzählt von der kürzlichen Begegnung mit einem Angestellten im Lift.

»Ich habe ihn gefragt, wie es ihm gehe, und er sagte ›geschäftlich recht gut‹. Das hat mich stutzig gemacht und ich bat ihn kurz darauf in mein Büro. Es stellte sich heraus, dass er grosse private Sorgen hatte. Ich habe ihm ruhig zugehört und dann vom Leben erzählt, Philosophisches, einfach mit ihm gesprochen.«

Hans Vontobel gibt jedoch zu, dass auch in »seiner« Bank je länger je weniger Zeit für Zwischenmenschliches bleibt. »Vielleicht denken gewisse Leute von mir, ›der will nur plaudern‹. Es geht nicht darum. Ich versuche, die Menschen zu erfassen und zu verstehen. Und ich bemühe mich, dieses Denken, dieses Verhalten bei uns intern weiterzugeben. Das ist nicht einfach.«

Trotz allem: Menschen führen gehört für Hans Vontobel zu den schönsten Aufgaben – egal wo.

»Ich habe immer nach dem Prinzip geführt: Der Mensch leistet am meisten, wenn er im Rahmen der gegebenen internen Strukturen ein Maximum an Freiheit hat und eben auch gelobt wird. – Kritik darf nicht verletzen. Querdenker, nicht

Querulanten, sind zu fördern, auch wenn sie unbequem und zeitraubend sind; sie durchbrechen nämlich die Bürokratie und die von uns selbst auferlegte Zwangsjacke, die so manche gute Idee im Keim ersticken lässt.«

In diesem Sinn steht seine Tür für alle offen. Physisch ist sie allerdings normalerweise geschlossen, denn das Büro bedeutet für ihn auch eine Rückzugsmöglichkeit.

»Wir alle brauchen eine Oase, in der wir allein sein können, um zu retablieren und nachdenken zu können.«

Beim Stichwort Oase bleibt mein Blick an einem Bild hängen, das Hans Vontobel von seinem Schreibtisch aus direkt im Blick hat – eine Mischung aus knallroten, gelben, grünen und blauen Balken.

»Das ist ein abstrakter Estève, E – s – t – è – v – e«, buchstabiert er den Namen des französischen Malers aus dem 20. Jahrhundert.

»Ich liebe die Farben, ich liebe die Komposition. Ich kann Ihnen nicht sagen, weshalb. Es macht mir Freude, dieses Bild täglich zu betrachten.«

Bilder sind ihm wichtig, ohne dass er sich auf einen Lieblingsmaler festlegen mag. Er bringt oft Werke von seinen Reisen, speziell aus Osteuropa, mit nach Hause und gibt sie der Kunstkommission, die er Mitte der 1980er Jahre ins Leben gerufen hat.

Die durchgesessenen Federn in seinem Sessel knarren vernehmlich, als er die langen, schlanken Beine übereinanderschlägt. »Dieser Raum hat den Vorteil, dass ich von hier aus einen freien Blick auf den Markt habe; dienstags und freitags ist Früchte- und Gemüsemarkt. Früher ging ich öfter über den Markt, wenn ich etwas Luft schöpfen wollte – auch im übertragenen Sinn –, und unterhielt mich mit den Marktfrauen. Damals gab es noch eine Kategorie von Marktfrauen, die das alte ›Züridütsch‹ sprachen. – Ich möchte von frischen Blumen umgeben sein. Im Büro, in der Bank, aber auch zu Hause.«

Ein Strauss weisser Rosen schmückt an diesem Tag seinen Schreibtisch und zu meiner grossen Verblüffung eine Handvoll Engel aus Porzellan, Glas und Ton. Hans Vontobel lächelt leicht verlegen und gesteht: »Ich weiss nicht mehr genau, von wem die Engel sind, aber auch ich bin auf Engel angewiesen. Vielleicht bin ich ein bisschen abergläubisch, nicht im Sinne von ›schwarze Katze von links‹ oder ›Kaminfeger‹. Aber ich glaube, wir alle brauchen unsere Engel.«

»Das verträgt sich aber nicht besonders gut mit Ihrer reformierten Herkunft.«

»Mag sein, aber ich stand in Südamerika einmal unmittelbar über einem Wasserfall und glitt auf den glitschigen Steinen aus, weil ich mit den viel Jüngeren wetteifern wollte – ohne die richtigen Schuhe zu tragen. Einer meiner Mitarbeiter konnte mich zwar halten, doch die Kräfte verliessen uns. Aus unerklärlichen Gründen kehrte die Kraft zurück, und er konnte mich hochziehen. – Unten lauerten Krokodile.«

Neben den Engeln und den Blumen liegen nur wenige Papiere auf dem Bürotisch, einen Computer gab es nie. »Ich bin technisch unbegabt. Mich interessiert an einer Maschine nie, wie sie funktioniert, aber ich will genau wissen, was sie zustande bringt. Ich erlaube mir im Gespräch mit Mitarbeitern und Kunden gelegentlich die Bemerkung, dass mein wichtigster Gegenstand im Büro nicht der Computer, sondern der Papierkorb ist.«

Hans Vontobel erlebte, wie die Zahl der Angestellten von zwölf auf inzwischen rund 1300 stieg. In den 1960er und 1970er Jahren expandierte die Bank, indem sie neuartige Finanzprodukte entwickelte und zudem das Geschäft mit den Privatkunden in Angriff nahm. Bis dahin betreuten Jakob und Hans Vontobel ihre Kunden persönlich und gaben ihnen hauptsächlich Anlagetips. Im Zuge der Expansion hatte Sohn Hans allerdings eine klare Vision, was die Bank diesbezüglich mehr bieten konnte: Ihm schwebte vor, die Kunden von A bis Z zu beraten, denn in seinen Augen benötigten sie eine Betreuung in sämtlichen finanziellen Belangen. Äusserst fortschrittlich, denn das, was heute unter dem Begriff Family-Office gang und gäbe ist, erkannten zu jener Zeit nur wenige als zukunftsweisendes Geschäftsfeld. Die Konsequenz: Die Bank musste Personal aufstocken und setzte neu auch familienfremde Kundenbetreuer ein.

1972 stiess ein weiteres Familienmitglied zur Bank: Hans Vontobels Sohn Hans-Dieter, wie der Vater Dr. iur.

»Also drei Generationen Vontobel unter einem Dach! Bis wann blieb Ihr Vater denn aktiv?«

»Bis er starb, 1976, mit 91 Jahren. – Aber es kam schon vorher die Zeit, in der er nicht mehr dirigierte. Und wenn ich ihn fragte, was er zu einem bestimmten Sachverhalt meine, antwortete er: ›Du machst doch eh, was du willst.‹ Das habe ich auch getan, allerdings nie zu meinem Nutzen, sondern immer im Interesse der Sache, so glaube ich.«

1981, im Alter von 65, übergab Hans Vontobel den Stab an seinen Sohn und zog sich auf die Position des Verwaltungsratspräsidenten zurück.

»Ich wollte nicht den gleichen Fehler machen wie mein Vater, mein Sohn sollte nicht bis ins hohe Alter an den Vater rapportieren müssen.«

Zuvor allerdings trieben Hans und Hans-Dieter Vontobel noch den Wechsel von der Personen- zur Aktiengesellschaft voran, um einerseits das wachsende Risiko mehr zu verteilen, da er und sein Vater bisher jeweils mit ihrem Vermögen hafteten; andererseits erleichtert eine Aktiengesellschaft die Verteilung des Erbes im Falle eines Todes. 1986 erfolgte gar der Gang an die Börse, was frisches Kapital brachte, das die Bank gern zum Ausbau des Geschäfts nutzte. Nach wie vor sind rund 52 Prozent der Aktien in Familienbesitz: Ein Drittel davon gehört Hans Vontobel, ein weiteres Drittel der Vontobel-Stiftung, der Rest ist verteilt auf verschiedene Familienmitglieder. Auch die Angestellten wurden beim Schritt zur Aktiengesellschaft in die Überlegungen mit einbezogen: Hans Vontobel beteiligte sie am Geschäftsgang, indem er ihnen Aktien schenkte – als erste Bank, notabene.

Von nun an sieht Hans-Dieter seinen Vater oft während Monaten kaum, dies nicht zuletzt, weil die Büros weit auseinanderliegen. Der Verwaltungsratspräsident greift nur in Krisenzeiten in die Geschäfte ein, wie beispielsweise nach dem Schwarzen Montag 1987, als die Bank beinahe gezwungen war, Reserven aufzulösen. Mit dem Einmarsch Iraks in Kuwait anfangs der 1990er Jahre wurde es für die Bank schwierig, auf Expansionskurs zu bleiben. Erst als man sich auf die Stärken besann, das Vermögensgeschäft stärker koordinierte und die führende Stellung im Handel und in der Entwicklung mit Schweizer Wertpapieren und Derivaten – mit den Wurzeln als Börsenagentur immer ein tragendes Geschäft – ausbaute und dazu ins Aktienresearch investierte, ging es wieder aufwärts, bis im Jahr 2000 die Internetblase platzte. Hans Vontobel war sehr besorgt und setzte sich dafür ein, dass die Verantwortlichen entlassen wurden. Zwei Jahre später hatte Hans-Dieter Vontobel nach drei Jahrzehnten genug vom Banking und trat zurück. Vater Hans zeigt sich 2003 nochmals kurz auf der öffentlichen Bühne und setzt zum ersten Mal in der Geschichte seines Unternehmens ein Nicht-Familienmitglied als Verwaltungsratspräsidenten ein. Dieses Amt hat inzwischen Urs Widmer inne, und Herbert J. Scheidt steht an der Spitze der Geschäftsleitung.

Seit 1991 ist Hans Vontobel Ehrenpräsident und immer noch fast täglich im Büro anzutreffen. »Ich leiste mir gelegentlich – wenn ich es so formulieren darf – zeitliche Eskapaden. Gestern Nachmittag blieb ich zu Hause und nahm eine Sauna. Allerdings«, fügt er fast entschuldigend hinzu, »ist es am Vorabend später geworden, nach Mitternacht, weil ich an einem Anlass in Bern teilnahm. – Am Freitagabend bin ich oft einer der Letzten, der die Bank verlässt. Man weiss auch, dass ich oft noch am Freitagnachmittag gewisse Dinge mit Mitarbeitern besprechen möchte. Deshalb sieht man bei uns auch nicht diesen vorzeitigen Wochenend-Bezug.«

»Ein Ehrenpräsident hat nach geltendem Obligationenrecht aber keinerlei Befugnisse. Sind Sie somit lediglich ein Aushängeschild?«

»Nun, ich würde es so formulieren: Helfen mit sorgender Hand und Fragen stellen, ohne sich mit dem Tagesgeschäft zu befassen, das sind meine heutigen Tätigkeiten, die ich mir selbst verordnet habe, meinen Neigungen und den Bedürfnissen der Bank folgend. Gern benutze ich im Gespräch die Formulierung: Ich frage mich ..., denn eine übervolle Agenda lässt oft die Prioritäten falsch setzen, das Schielen auf mediale Nebengeräusche den Schritt zu einer notwendigen härteren Massnahme verzögern. Mit meinen Fragen will ich den Blick auf neue Möglichkeiten und Risiken lenken und den Faktor Mensch im Betrieb stärken. – Nach wie vor führe ich Gespräche und Korrespondenzen mit Kunden, sogar noch mit solchen, die ich seinerzeit von meinem Vater übernommen habe. Kürzlich kam beispielsweise ein Kunde aus Lateinamerika, der mich sehen wollte. Für gewisse Kunden hat der Familienaspekt eine grosse Bedeutung.«

Gleichzeitig pflegt Hans Vontobel intensiven Kontakt zu seinen Familienangehörigen. Mehrmals im Jahr versammelt er alle Mitglieder über sechzehn Jahre zu einem Austausch über die Geschäftsentwicklung. »Der Zusammenhalt in den Familien und zwischen den Familien und dem Unternehmen ist langfristig entscheidend.«

So wurde erst kürzlich in einem dieser Treffen vereinbart, dass der Aktionärspool den Bindungsvertrag – dieser besagt, dass die Familienangehörigen ihre Aktien nicht verkaufen – bis 2017 verlängert. Zudem engagieren sich in einigen Stiftungen Familienmitglieder. »Wenn wir uns Familienbank nennen, muss die Familie dabei sein. Der Weg geht zur Zeit konkret über die Vontobel-Stiftung.«

Und schliesslich wird Hans Vontobel immer wieder für Vorträge im In- und Ausland, oft vor Studenten, angefragt. »Das macht mir grossen Spass. Ich lerne stets dazu und helfe auf diese Weise vielleicht, die Reputation unserer Gruppe zu fördern.«

Trotz der vielen Aufgaben: Ehrenpräsident Hans Vontobel ist sich bewusst, dass er immer auf Distanz gehen muss.

»Deshalb fahre ich nun über die Festtage zwei Wochen nach Bad Ragaz. Gerade jetzt muss ich aufpassen, dass ich schweige.«

Auch an den Wochenenden sieht man Hans Vontobel nicht mehr im Büro. Lediglich die Unterlagen und Gesuche, die an seine vielen Stiftungen gerichtet werden, begleiten ihn. »Dann beginnt für mich das Leben B, in meiner Wochenendwohnung auf der Forch. Wenn ich im Winter komme, brennt das Cheminée, was ich geniesse. Ich wechsle meine Kleidung und ziehe Hose und Pulli B an, eine einfache Manchesterhose und einen Wollpullover, darin fühle ich mich wohl. Manchmal gehe ich an eine Kunstausstellung oder besuche irgendeine alte Verwandte oder Bekannte. Ich glaube, dass es eine Pflicht ist, besonders wenn man älter wird, alte Freunde, die einsam leben, zu besuchen.«

Ebenso betrachtet er es als seine Aufgabe, Menschen, die ihn als Unternehmer und Staatsbürger um Rat bitten, zu antworten.

»Bin ich es ihnen nicht schuldig, meine Erfahrungen weiterzugeben? So diktiere ich am Wochenende Briefe, und einige Ratsuchende lade ich zum persönlichen Gespräch ein.«

Verschiedene Charaktere aus ganz verschiedenen Ländern, Kunden, Mitarbeitende, Freunde – sie alle gehen unter der Woche immer noch regelmässig bei Hans Vontobel ein und aus. »Darin liegt für mich die Freude am Beruf. Ich versuche, mir Zeit für sie zu nehmen und auf alle einzugehen. Das ist nicht immer einfach.«

Hans Vontobel ist viel zu galant, um seinem Ärger darüber Ausdruck zu geben, dass gewisse Leute es nicht für nötig erachten, ihre Anliegen an ihn vorbereitet und durchdacht vorzutragen.

»Es sind zum Teil unausgegorene Ideen. Diese Leute versäumen mich sehr, weil sie nicht auf das Wesentliche zu sprechen kommen. – Es sind aber nicht nur die ›kleinen‹ Leute, die etwas von mir wollen. Es sind auch sehr vermögende Leute aus der ganzen Welt dabei. Ein Teil dieser vermögenden Leute ist – im übertragenen Sinn – ›gross‹, sehr viele sind aber auch sehr ›kleine‹ Leute. Ein Hochadliger hat mir einmal expliziert, dass seine Frau bald Geburtstag habe, er aber kein Geld für ein Präsent aufbringen könne. Und dann zeigte er mir Ohrringe, die er ihr zuvor geschenkt hatte. Diese wollte er bei mir verpfänden, um ihr etwas kaufen zu können.«

Bald werden diese vielen Menschen nicht mehr an der Bahnhofstrasse 3 vorbeischauen. »In wenigen Tagen werde ich mein Büro im – wenn ich so sagen darf – Glaspalast an der Gotthardstrasse 43 beziehen.«

»Täusche ich mich, oder stimmt Sie dieser Abschied wehmütig?«

»Ich verstehe zwar, dass wir die vielen weit auseinanderliegenden Büros in der Stadt zusammenlegen müssen. Dass wir aber auch die Bahnhofstrasse 3 aufgeben, das scheint mir persönlich nicht richtig zu sein, denn das ist eine ganz spezielle Adresse. Vor allem für die ausländische Kundschaft, ›man hat‹ Büros an der Bahnhofstrasse. Ich habe das der Geschäftsleitung ausführlich dargelegt. Sie ist jedoch zum Ergebnis gekommen, dass wir diese Büros nicht mehr brauchen, und es wäre viel zu teuer, sie weiter zu unterhalten.«

»Als massgeblicher Aktionär hätten Sie durchaus eingreifen und sich für den Erhalt dieses Standorts einsetzen können.«

»Ich hätte natürlich sagen können: ›Wir bleiben trotzdem.‹ Aber ich nehme nur bei wirklich entscheidenden Unternehmensfragen eine solche Position ein. Für mich ist der Wechsel meines Büros nichts Entscheidendes. Ich versuche, mich im Leben immer wieder zu fragen, was ist wichtig, was nicht. – Vielleicht empfinde ich tatsächlich ein bisschen Wehmut. Aber man muss das philosophisch sehen, panta rhei – alles fliesst. Es kommt ja nicht darauf an, wo ich bin. Ich kann hier sein, ich kann dort sein. Wichtig ist, dass ich ein gutes Einvernehmen mit den Mitarbeitern habe.«

Und schliesslich wird er sein Büro auch am neuen Ort so einrichten, dass es ihm gefällt, dass es heimelig ist. Seine Kunstgegenstände und Erinnerungsstücke werden ihn vermutlich dorthin begleiten, ebenso das olivgrüne Sofa, die Vitrine und die Garderobe – im dunklen Holzton – in der Farbe der zurzeit fehlenden Tür.

SCHAUPLATZ — 03

»Alle Mäuse gehen durchs gleiche Loch – wir nicht«

Hans Vontobel über die Entwicklung der Finanzbranche, die aktuelle Krise und ihre Ursachen

Gotthardstrasse 43 – eine Querstrasse zur Bahnhofstrasse. Im Glashaus in der achten von insgesamt zehn Etagen führt der Weg durch einen schmalen, langen Gang und vorbei an vielen kleinen Büros, die mit dünnen Glaswänden voneinander getrennt sind. Am Ende des Ganges empfängt mich Hans Vontobel, wie stets in Anzug und eleganter Krawatte.

»Wie geht es Ihnen?«

»Gut, bei diesem Wetter!«

An diesem aussergewöhnlich warmen Frühlingstag beklagen sich bereits einige über die ungewohnten Temperaturen, nicht so Hans Vontobel: »O ja, ich liebe es, wenn es möglichst warm ist. Mir kann es nicht zu heiss sein. Ich geniesse es, wenn wir endlich mal schönes Wetter haben.«

Das olivgrüne Sofa hat den Weg von der Bahnhofstrasse in das moderne Büro mit zwei Fensterfronten an der Gotthardstrasse ebenso gefunden wie der bald 50-jährige Tisch und das gleichaltrige Pult. »Aus meinem alten Büro habe ich die gesamte Einrichtung mitgenommen, ich bin ein Gewohnheitsmensch.«

Auch sein Lieblingsbild von Estève ziert wieder die Wand über dem Sofa, und die Photos der Enkelinnen, die Engel aus Porzellan und die Vogelplastiken haben ihren Platz im neuen Arbeitszimmer des Zürcher Privatbankiers eingenommen.

»Möchten Sie einen Kaffee?«

Unübersehbar das Familienwappen, Hans Vontobel deutet auf eines der vielen Fenster: Ein roter Längsstreifen, verziert mit drei silberfarbenen Sternen, umrahmt von strahlendem Gelbgold – das Wappen der einstigen Raubritter von Tobel darf auch im neuen Büro des Ehrenpräsidenten nicht fehlen.

Auf dem Fenstersims hinter seinem Pult entdecke ich einen grossen Elefanten aus Bronze.

»Ist der neu?«

»Ja, eine Erinnerung an Indien, wo ich vor kurzem zwei Wochen Ferien verbracht habe. Ich sah diesen Elefanten in der Boutique eines abgelegenen Hotels auf dem Land. Ich kaufe immer sehr spontan. Mich interessiert es nicht, ob etwas wertvoll ist, sondern, ob es mir gefällt.«

Aus dem alten Büro schweifte sein Blick über den Markt am Bürkliplatz. Nun sieht er über die Dächer Zürichs hinweg auf die verschneiten Berge und den See. »Die Sicht in die Alpen bedeutet mir sehr viel. Aus dem anderen Fenster hier nebenan sehe ich zudem unseren Hausberg, den Üetliberg, was mir weniger wichtig ist.« Die schöne Aussicht befindet sich allerdings in seinem Rücken.

»Mir fallen auf der Stelle viele Leute ein – mich selbst eingeschlossen –, die Sie um diese phantastische Sicht extrem beneiden. Und Sie drehen ihr den Rücken zu!«

»Dieses Büro ist genauso eingerichtet wie mein altes. Ich mag es gar nicht, wenn man etwas umstellt. Meine Schwiegermutter hat genau einmal etwas umgestellt – danach nie wieder!«

Umstellungen und Umbrüche in der Finanzbranche erlebte Hans Vontobel allerdings in seinen über sechzig Jahren in diesem Umfeld mehrfach. »Früher war man ein ›Bankbeamter‹. Diese kamen kurz nach acht Uhr ins Büro, zogen umständlich den Kittel aus, streiften die Ärmelschoner über, stellten sich an ihre Stehpulte und öffneten die grossen Folianten. Mit Tinte notierten sie Buchstaben und Zahlen, und um neun Uhr musste der Lehrling bereits Fleischkäse holen. Es war eine andere Welt, alles war stabil. Und es war wohl schwerer auszubrechen als heute«, sinniert Hans Vontobel. »Erlauben Sie mir in diesem Zusammenhang ein Schlüsselerlebnis meiner Jugendzeit wiederzugeben. Es war jene Generalversammlung von Nestlé, an der die Übernahme von Maggi zu genehmigen war. Eine Aktionärin opponierte, es sei volkswirtschaftlich vorzuziehen, wenn beide Unternehmensgruppen selbständig weiterbestehen würden. Der Verwaltungsratspräsident antwortete dieser Dame mit vernichtenden Worten, sie solle schweigen, denn sie verstehe diesen Sachverhalt überhaupt nicht. Ein solches Verhalten wäre heute wohl nicht mehr denkbar. – Ich erlebte in meinen Anfangsjahren sechs Schweizer Grossbanken, eine davon war übrigens ein knappes Jahrhundert zuvor nur um Haaresbreite an der Schalterschliessung vorbeigeschlittert, weil der Kassierer mit der Kasse durchbrannte. Ein drastisches Exempel für ein anderes Verständnis von Grösse. Früher lautete die Devise ›small is beautiful‹, heute erblickt man vielerorts im Gigantismus das Heil der Welt.«

»Hat der Umzug des Büros von der Bahnhofstrasse an die Gotthardstrasse im weitesten Sinn auch etwas mit dieser Entwicklung zu tun?«

»Ich glaube, das Gemeinsame ist: Wir sind gewachsen und die Finanzbranche ist gewachsen, und dann gilt es wie immer die Proportionen zu wahren, auch räumlich. Man ist grösser und zieht zusammen.« Die Zahl der Angestellten in der Bank Vontobel ist zwischen 2003 und 2008 von 850 auf rund 1300 gestiegen. Der Vollblutbankier stellt sich die selbstkritische Frage: »Aber eben: Wo sind die Grenzen?«

Und schon landen wir mitten in einem intensiven Diskurs über die Bankenkrise 2007/2008, ihre Ursachen und die Hintergründe.

»Es herrscht der unheilvolle Drang nach Grösse, man will auf der Rangliste der Banken nach ganz oben rutschen. Die allgemeine Einstellung aller Akteure, die Nummer eins sei automatisch das Beste, ist der Hauptgrund für die aktuelle Finanzkrise. Man will überall ›Number one‹ sein, wenn man nur als ›Number two‹ gilt, kann man nicht mehr schlafen. Dabei ist das doch nicht essentiell, zumindest nicht im Bankenbereich.«

»Eher ungewöhnliche Töne, die Sie in der heutigen Zeit anschlagen. Was zählt denn Ihrer Ansicht nach bei einer Bank, wenn nicht der Platz an der Spitze?«

»Es kommt doch nicht darauf an, dass man grösser ist als andere, man sollte besser sein. Es geht darum, erstklassige Dienstleistungen auf den verschiedenen Gebieten der Banktätigkeiten zu erbringen, aber keineswegs darum, auf Pseudo-Ranglisten diesen oder jenen Platz einzunehmen. Ich sage es etwas böse: Es ist ein kindlicher Glaube, ein kindliches Bestreben, an der Spitze zu stehen, der Erste sein zu wollen.«

Hans Vontobel schlägt die Beine übereinander und lehnt sich in seinem grünkarierten Stoffsessel zurück. »Man schilt mich nun vielleicht einer gewissen Naivität des kleineren Privatbankiers, doch ich bin zutiefst überzeugt, dass eine erfolgreiche Bank nicht überall – im Private- und Investmentbanking – die Nummer eins sein muss.« Er ist sich durchaus im Klaren darüber, dass bei seinen Geschlechtsgenossen das Bedürfnis nach mehr Macht ein entscheidender Impuls in diesem Rennen ist. »Dabei übersieht man immer, dass dies mit dem menschlichen Glück überhaupt nichts zu tun hat. Müssten wir uns nicht bemühen, vom äusseren Geschehen

unabhängiger zu werden? Es gibt neben der äusseren Freiheit noch eine innere Freiheit, die mir viel bedeutet. Bin ich unglücklicher, wenn der Nachbar ein besseres Auto fährt oder seine Frau einen teureren Pelzmantel trägt als meine? Bin ich unglücklicher, wenn ich als Manager auf der internationalen Bankenrangliste nicht unter den ersten Investmentbankern figuriere?«

»Höre ich da die sprichwörtliche Altersweisheit aus Ihnen? Wann sind Sie zu dieser Erkenntnis gelangt?«

»Ehrlich gesagt, ich habe auch immer gern expandiert. Es kommt ein gewisses sportliches Element dazu. Es existiert ein Wettbewerb, und man möchte diesen Wettlauf gewinnen. So habe ich verschiedene Tätigkeiten als erster Privatbankier aufgezogen, und in der Regel waren wir erfolgreich. Es ging mir aber nie nur darum, ›Number one‹ zu werden, sondern ich wollte etwas kreieren. Ich habe Freude daran, Neues auf die Beine zu stellen. Das pure Ranglistendenken liegt mir völlig fern. Es ist ein Unding mit diesen Ranglisten jeder Art, die oft auf problematischen Kriterien basieren. – Sowieso steht der Führung wie allen anderen Akteuren ganz allgemein ein Übermass an Zahlen zur Verfügung. Will man darin nicht ersaufen, muss ich immer wieder fragen: De quoi s'agit-il? – Worauf kommt es tatsächlich an?«

Der erfahrene Bankier ist erstaunt und findet es äusserst fragwürdig, dass solche grundsätzlichen Themen in den Medien kaum zur Sprache kommen. »Im Gegenteil: Die Presse sowie die Analysten erwarten regelmässig Rekordzahlen. Die Budgets der Finanzinstitute sind zum Lockvogel oder Drohfinger geworden, je nach Situation des Beobachters. Die Manager stehen unter Erfolgszwang, sie wollen den A oder B überbieten, damit sie diese Erwartungen nicht enttäuschen und eine gute Zeugnisnote erhalten. Das ist ungesund. Denn, ob sich der Berichtszeitraum über drei oder sechs Monate erstreckt – in beiden Fällen spielen so viele Zufälle im Geschäftsverlauf mit, dass immer falsche Bilder entstehen, die von der Boulevard-Presse gedankenlos in die Zukunft extrapoliert werden.«

Und er setzt noch hinzu: »Sind wir in der jüngsten Finanzkrise dem bereitwillig präsentierten Übermass an Zahlenmaterial nicht zum Opfer gefallen? Haben wir uns vom Glauben an die Zahl nicht blenden lassen?«

Das beste Beispiel dafür dürfte das Schicksal der grössten Schweizer Bank sein. »Ich erinnere mich, wie der Verwaltungsratspräsident Rekordzahlen präsentierte und zum Ausdruck brachte, seine Bank solle weltweit die Nummer eins werden, und zwar nicht nur im Privatkundengeschäft, sondern auch im Investmentbanking. Um das zu erreichen, musste die Schweizer Grossbank auch in den USA die Nummer eins werden – ein eklatanter Fehlschluss. Man unterliess kritische Fragen, und so hat sich die vielzitierte Globalität im Negativen ausgewirkt.«

»Woran denken Sie konkret?«

»Die Frage ist, was ist Globalität. Die meisten glauben, sie beziehe sich nicht nur auf die Technologie, sondern auf überhaupt alles. Und das ist meiner Ansicht nach ein grosser Fehler. Weltweit existieren verschiedenste Vorstellungen über gesellschaftliche Werte. Die Menschen sind sich nicht ähnlicher geworden, nur weil sie durch die schnelle Technologie einander viel näher gekommen sind. Dem tragen wir bei Expansionsbestrebungen viel zu wenig Rechnung.«

Hans Vontobel differenziert: »Es besteht ein wesentlicher Unterschied, ob die Expansion von einem Produktionsbetrieb ausgeht, der beispielsweise Arbeiten nach Indien auslagert, oder von einem Dienstleistungsbetrieb, in dem die Menschen einander verstehen und gleiche moralische Werte vertreten müssen.« Er denkt dabei an die unterschiedlichen Wertmassstäbe in der Finanzbranche der USA und der Schweiz, die unter anderem zur jetzigen Krise führten.

»In den USA – sagen wir in den Finanzzentren der USA – wird dem kurzfristigen Erfolg und dem Erfolg in Dollar eine enorme Bedeutung zugemessen, weniger der sozialen Komponente. Wir in Europa, zumindest in der Schweiz, fühlen uns immer noch bis zu einem gewissen Grad der Allgemeinheit verpflichtet. Wir verstehen uns als Teil des Ganzen. Und so entstehen Konflikte, wenn Finanzdienstleister aus der Schweiz in die USA expandieren. Sie wollen dort erfolgreich sein und an die Spitze vorstossen. Dafür brauchen sie in der Regel nicht nur energische, tüchtige Leute, sondern man muss Manager von dort übernehmen. Diese haben ihre eigenen Wertvorstellungen – auch bezüglich ihrer Risikobereitschaft – und lassen sich von einer Schweizer Bank auf Dauer nicht am Gängelband führen. Folglich muss man ihnen ein Maximum an Zuständigkeiten gewähren, alles andere wäre eine fatale Illusion. Einfacher gesagt: Man lässt sie machen. Und dann ist eben der Misserfolg programmiert.«

Das bedeutet für ihn aber nicht, dass eine Grossbank stationär bleiben soll. Vorwärtsgehen, neue Ideen entwickeln und auf diese Art und Weise wachsen ist in seinen Augen unabdingbar.

»Das sind wir auch unseren jungen, ambitiösen Leuten schuldig. Wir müssen ihnen immer wieder eine neue Herausforderung bieten, sonst gehen sie weg und wir verknöchern.«

Die Kehrseite: »Wir wachsen – glücklicherweise. Aber man muss sich ganz klar sein: Es gibt Grenzen.«

»Und wo genau liegen diese?«

»Die Grenzen liegen vor allem im Menschlichen, deshalb schimmert in meinen Ausführungen immer wieder der Mensch als das Mass durch. Man sollte zum Beispiel nur expandieren, wenn man über die geeigneten Führungskräfte verfügt.«

Der Privatbankier zitiert als Illustration den Industriellen Michael Hilti aus dem liechtensteinischen Schaan.

»Wenn dieser über ein neues Projekt zu entscheiden hat, fragt er zuerst, ob die geeigneten Leute dafür zur Verfügung stehen. Wenn nicht, kommt das Projekt für ihn nicht in Frage. – Heute ist es zum Beispiel grosse Mode, dass sich die Banken, vor allem in Europa, aber auch in der Schweiz, im Fernen Osten engagieren. Sie gründen Gesellschaften, Banken, erwerben Beteiligungen. Die Erfolge zeigen sich zum Teil bereits eindrücklich in entsprechenden Zahlen. Wir machen das nicht, und zwar aus zwei Gründen. Erstens: ›Alle Mäuse gehen durchs gleiche Loch‹ – wir nicht. Wir wollen unsere Tätigkeiten schrittweise auf dem alten Kontinent ausbauen, was die Wahrnehmung von Opportunitäten anderswo nicht ausschliesst. Zweitens: Ich frage mich eben, ob die Rechnung der anderen langfristig aufgeht, denn das Denken in jenem Raum ist ein anderes als bei uns. Und die Folgen davon habe ich vorhin beschrieben.«

»Sie bestanden jeweils darauf, nach Möglichkeit Leute für einen wichtigen Posten zu engagieren, die durch Ihre Schule gegangen sind. Was heisst das genau?«

»Wir verzichten auf ›Seilschaften‹, die sich weltweit anbieten, aber bei höheren Offerten einen neuen Hafen ansteuern. Wir verstehen uns als Familie, die sich aufgrund des offenen und oft freundschaftlichen Zusammenlebens, verbunden mit manchen, auf Generationen zurückgehenden Gewohnheiten und kleinen Gesten von andern unterscheidet. Zu oft zählt anderswo das Zusammengehörigkeitsgefühl leider nicht mehr.«

Der enge Zusammenhalt, absolute Integrität, Weiterkommenwollen, aber nicht zu Lasten des Kollegen sind nur einige der Werte, die in »seiner Schule« gelehrt werden. Weiterhin will der Patron das Team auf die riskanten Entwicklungen aufmerksam machen: Neben den bereits erwähnten Ursachen für die aktuelle Krise – der unbedingte Glaube an die Zahl und die Globalisierung – erwähnt er noch eine dritte: »Der Mangel an Zeit. Schon aufgrund unserer Herkunft aus der Landwirtschaft wussten wir, dass in der Natur die Dinge reifen müssen. Und so war es anfänglich auch im Bankwesen. Man liess den Entscheid reifen, hatte dazu aber auch die Zeit. Wenn man beispielsweise eingeladen wurde, sich an einem Emissionssyndikat zu beteiligen, erkundigte man sich zuvor gründlich über den betreffenden Schuldner und dessen Bonität. Heute eilt es, ›subito‹ wird gross geschrieben.«

Das Reifenlassen wurde dem von Haus aus eher ungeduldigen Hans Vontobel nicht in die Wiege gelegt. »Mein Vater, seinerzeit mein Vorgesetzter, legte meine gewissenhaft geprüften Dossiers öfter wortlos in eine Schublade seines Arbeitspultes, ohne zu meinem Antrag Stellung zu beziehen. Auf meine unwirsche Frage, ob er sich nun meinem Antrag anschliesse oder diesen ablehne, erhielt ich die Antwort, ›die Dinge sind noch nicht reif‹, was ich nicht verstand und ungehalten aufnahm. Vielleicht spielt inzwischen ein Quentchen Altersweisheit in meine Reaktionen hinein, wenn ich heutzutage komplexen Situationen gegenüberstehe, denn viele Dinge reifen tatsächlich erst aus sich heraus.«

Schnelles und kurzfristiges Denken und Handeln, bei dem die Vorsicht oft dem Risiko weicht, beunruhigt Hans Vontobel. »Ein vernünftiger Umgang mit der Zeit ist nötig. Ein gewisses Tempo darf nicht überschritten werden, sonst ist es nicht mehr seriös.« Er betrachtet kurzfristige Ziele auch volkswirtschaftlich als verfehlt; deshalb plädiert er wenn immer möglich für eine langfristige Sicht. »Ich habe einmal mit einem Mitglied der oberen Führungsebene diskutiert. Ich hatte den Eindruck, dass diese Person in dem Gebiet, für das sie zuständig war, nichts Neues zuliess. Die Antwort: ›Da verdienen wir fünf Jahre nichts, sondern müssen drauflegen.‹ Das Problem ist: Die Finanzpresse schätzt langfristige Projekte zu wenig und oft sind Bonus-Systeme zu wenig differenziert.«

Zum Thema Gewinnbeteiligung meint Hans Vontobel kurz und bündig: »Ich sehe nicht nur das Positive eines Bonus. Wir müssen noch viel mehr langfristige Überlegungen bei der Bemessung der Boni einfliessen lassen. Es sollte zudem so sein, dass Unternehmen über so viel Selbstkritik verfügen, dass sie keinen von aussen vorgeschriebenen, maximalen Höchstbetrag benötigen. Und vielleicht sollte auch wieder vermehrt das Treueverhältnis im Vordergrund stehen. – Ich möchte nochmals konkret auf die Grenzen im Menschlichen, besonders bei Führungspersonen, zurückkommen: Vor dreissig Jahren wurde es positiv gewertet, dass ein Dienstleistungsunternehmen überblickbar war und somit in der Führung erfolgreich und seriös sein konnte. Bei dem herrschenden globalen Trend ›je grösser, desto besser‹ wird man feststellen, dass man das Unternehmen weiterhin rein rechnerisch mit Zahlen führen kann. Zwei grosse Gefahren lauern jedoch: Zum einen geht der Mensch verloren. Der Mensch ist nicht mehr Teil eines Ganzen. Er ist zu einer Zahl, einer Nummer geworden, was gefährlich ist für die Unternehmenskultur. Zum andern lebt die Führungscrew je länger je mehr in einem Elfenbeinturm. Sie ist umgeben von Menschen, die glauben, das sagen zu müssen, was der erste Mann will. Jene im Elfenbeinturm haben oft gar keine Beziehung mehr zu den Mitarbeitern. Ein Akzeptieren von Komplimenten und Kritik, was eigentlich wichtig wäre, geht verloren. Ich glaube, viele fehlgeleitete Manager sind so geworden, weil der Hof, den sie sich halten, ein Hof von Höflingen ist. Und je höher sie steigen, umso grösser ist diese Gefahr. Wenn sie abgehoben haben und nicht mehr Teil des Ganzen sind, dann verhält man sich auch entsprechend, man ist kein Vorbild mehr. Oft sind sie der Ansicht, das eine ist das Leben im Unternehmen und das andere ist das Leben privat. Das ist eine Illusion. Man wird in der Öffentlichkeit – und dazu gehören auch die Mitarbeiter – als Vorbild im Gesamten gesehen oder eben nicht. Und ich glaube, diese Gefahren sind umso erheblicher, je grösser das Unternehmen ist.«

»Herr Vontobel, wenn ich Ihnen zuhöre, frage ich mich, wie es geschehen konnte, dass gerade bei Vontobel nicht wenige Banker gross wurden, die nicht nur für positive Schlagzeilen sorgten: Ich denke speziell an René Braginski und Martin Ebner, die ab Mitte der 1970er Jahre bei Ihnen arbeiteten. Der eine griff später als selbständiger Financier den Industriekonzern Sulzer und der andere die damalige Schweizerische Bankgesellschaft, heute UBS, an. Ein anderer Mitarbeiter war Hans Vögeli, der vor ein paar Jahren in die Schlagzeilen geriet und seinen Chefposten bei der Zürcher Kantonalbank aufgeben musste. Nicht zu vergessen Oskar Holenweger, gegen den eine Strafuntersuchung in Zusammenhang mit seiner eigenen Bank Tempus eröffnet wurde. Und schliesslich haben Top-Shots der Bank wie Jörg Fischer und Hans-Peter Bachmann 2001 mit dem Internet-Experiment y-o-u 200 Millionen Franken in den Sand gesetzt, Yacht und Helikopter angeschafft. Was sagen Sie dazu?«

»Das Problem, so glaube ich, ist immer dasselbe: Ein Unternehmen wächst. Aufgrund des fachlichen Könnens und der fachlichen Leistung wächst man in Führungspositionen hinein. Es bleibt die Frage, ob der Charakter mitkommt. Diese Leute waren fachlich sehr gut, doch irgendwann wurden die menschlichen Anforderungen an sie zu gross. Sie haben gemeint, sie seien kleine Herrgötter und könnten machen, was sie wollen. Das ist heute keineswegs anders: Man beschäftigt sehr gute Vorgesetzte, ein Unternehmen wächst, wird grösser, die Betreffenden offenbar nicht – das ist für Unternehmer wie mich zum Teil sehr tragisch, weil man sich diesen Menschen sehr verbunden fühlt.«

»Hat Sie das wirklich erstaunt, dass die Obengenannten die Grenzen derartig überschreiten?«

Hans Vontobel nimmt einen Schluck Kaffee, lässt sich Zeit, denkt nach. »In einer gewissen Entwicklungsphase habe ich das festgestellt und entsprechend interveniert.«

Den einen entliess Hans Vontobel, damals Verwaltungsratspräsident, in Absprache mit seinem Sohn höchstpersönlich. »Wir kamen im Dezember, Mitte der 1980er Jahre, von einer Geschäftsreise aus Japan zurück. Man lernt einen Menschen kaum besser kennen, als auf einer Geschäftsreise. Im angesprochenen Fall hatte ich festgestellt, dass dieser Mann zwar ein guter Händler war und der Bank viel Geld brachte, aber es entwickelte sich um ihn herum eine Kultur des ›Ellböglens‹ – nicht miteinander, sondern gegeneinander. Jeder schaute nur für sich. Ich beschied diesem Herrn also nach der Reise in einem absolut normalen Ton: ›Wir sind sehr verschieden, wir passen nicht zusammen. Es ist ein guter Zeitpunkt, sich zu trennen.‹ – Einer meiner Grundsätze lautet auf Lateinisch ›Fortiter in re – suaviter in modo‹ – ›Tapfer in der Sache, behutsam in der Methode‹. Man kann alles ruhig und anständig sagen. Aber es braucht manchmal mehr Kraft und ist emotional gesehen schwieriger, wenn man es so macht.« Lautwerden ist eindeutig nicht Vontobels Sache.

»Alle diese schillernden Personen waren Bekannte aus der Studien- oder Militärzeit Ihres Sohnes Hans-Dieter. Endet die Generation Ihrer Enkel auf die gleiche Art und Weise?«

»Das Problem wird genau dasselbe sein für die nächsten Generationen. Sie geben sich zwar ein bisschen anders, etwas legerer. Aber das Problem per se bleibt bestehen: die Grenzen sehen, die Grenzen für sich persönlich, die Grenzen des Machbaren – auch fürs Unternehmen.«

Das Überschätzen der eigenen Möglichkeiten und das sogenannte Klumpenrisiko, das die breite Verlagerung der Risiken ausser Acht lässt, gehören in Vontobels Augen seit jeher zu den Ursachen für sämtliche Pleiten.

»Die berühmteste – vor jener von 1929 – ist wohl die sogenannte Tulpenkrise in Holland. Alle wollten damals Tulpenzwiebeln handeln. Die Preise waren extrem hoch und die Leute haben derart einseitig darauf gesetzt, dass der Markt zwangsläufig zusammenbrechen musste.«

Die Tulpenkrise ist die erste gutdokumentierte Spekulationsblase der Wirtschaftsgeschichte. Die Nachfrage nach Tulpen überstieg anfangs des 17. Jahrhunderts das Angebot bei weitem. Der höchste Preis für eine Zwiebel betrug 10 000

Gulden – und das in einer Zeit, in der ein Zimmermann 250 Gulden im Jahr verdiente. Als sich einige Händler nicht mehr trauten zu kaufen, platzte die Blase 1637.

»Solche Ereignisse gab es auch im 19. Jahrhundert, vor allem in Europa. Die USA waren damals noch eine Wirtschaft an der Peripherie der Welt. Der internationale Financier Bethel Henry Strousberg brachte es dank seines Geschicks fertig, grosse Transaktionen in Osteuropa durchzuführen, um das dortige Eisenbahnnetz aufzubauen. Auch Schweizer Kapitalisten haben sich durch Aktienemissionen und Obligationenanleihen daran beteiligt und dabei viel Geld verloren. Am Schluss ist Strousberg grandios gescheitert. Er hatte zu viel versprochen und war wohl im Grunde – heute würden wir sagen – nicht seriös.«

Der gewandte Bankier streut auch aus seiner eigenen Geschichte Beispiele ein. Den Börsencrash von 1929 erlebte er als Teenager. »Ich erinnere mich vor allem an zwischenmenschliche Episoden. Verschiedene Bekannte, Freunde und Geschäftspartner meines Vaters, die involviert waren, gingen mit ihren Banken Pleite. Ich war damals Gymnasiast und verfolgte Gespräche dieser Leute mit meinen Eltern. Sie beklagten sich bitter, ›sie seien jetzt draussen‹, sie fühlten sich ›gesellschaftlich geächtet‹.«

Jene Verhältnisse führten zu grossen Strafprozessen, wie etwa zum Wolfensberger-Widmer-Prozess anfangs der 1930er Jahre vor dem Zürcher Schwurgericht. »Ich musste auf Geheiss meines Vaters an den öffentlichen Verhandlungen teilnehmen. Es war für mich ein Lehrstück, das ich nie vergessen werde. Ich erlebte hautnah, wie diese Bankiers ›bis aufs Hemd ausgezogen‹ und die Experten von den Anwälten der Angeklagten angegriffen wurden. Damals habe ich mir gelobt, dass ich nie in einem Strafprozess als Experte auftreten werde – was ich auch nie tat. Ich lernte als Student aber auch, was man als Bankier nicht machen darf: Man muss ›Mein‹ und ›Dein‹ immer gründlich auseinanderhalten, sonst kann es immer wieder zu Interessenkonflikten kommen. Und zweitens muss ein Bankier alle möglichen Varianten einer Sache überlegen und darf dabei die schlimmste nicht vernachlässigen. Mir wird heute noch gelegentlich vorgeworfen, ich sei zu pessimistisch. Privat sehe ich mich als Optimisten, aber es ist meine Pflicht, im Geschäft dieses sogenannte Black-Szenario in meine Überlegungen mit einzubeziehen und mich dann zu fragen, wie es um die Tragbarkeit der Risiken steht.«

Hans Vontobel erlebte als Bankier insgesamt sieben Börsenkrisen. »Die in den ersten Jahren nach dem Zweiten Weltkrieg allgemein erwartete Krise stellte sich nicht ein, die angehäufte Überliquidität schweizerischer Unternehmen zu jener Zeit erwies sich als überflüssig. Es ging jedoch nur langsam voran.« Erst 1954 hatte die Zürcher Börse wieder Umsätze auf dem Niveau von 1928 erreicht. Danach besserte sich die Lage rasch, sehr rasch. »Es bestand anfangs der 1960er Jahre eine regelrechte Börseneuphorie, die Aktienkurse waren viel zu hoch. In Absprache mit dem Börsenvorstand warnte ich öffentlich vor diesen Kursexzessen und der Trendwende. Für diese Äusserung wurde ich heftig kritisiert. Zwei Wochen später ist es passiert.« Ende Mai 1962 platzte die Blase und läutete, noch verschärft durch die im Herbst ausgebrochene Kubakrise, eine lange Baisse ein. Krise um Krise erschütterte die Welt: 1973 die Erdölkrise, 1987 der »Schwarze Montag«, als nach Jahren mit bedeutenden Gewinnen die Börse einbrach, 1990 der zweite Golfkrieg, und gleichzeitig stürzte Japan nach dem Platzen der Immobilienblase in eine tiefe Rezession, acht Jahre später die Währungskrise in Russland und der Beinahe-Kollaps des sogenannten LTCM-Hedge-Fonds. Schliesslich 2000/2001 das Platzen der Dotcom-Blase.

»Sind Sie womöglich eine Art Orakel vom Zürichberg für die Finanzbranche?«

»Was sich 2000 abzeichnete, gewisse Entwicklungen der neuen Finanzierungsinstrumente, vor allem der Private Equity, das war meiner Meinung nach vorauszusehen. Kurz bevor das Debakel eintrat, habe ich an einem freien Wochenende in Bad Ragaz ein ausführliches Exposé über die Entwicklungen dieser Instrumente und deren Risiken verfasst. Es ist genau eingetreten, was ich vorausgesagt und befürchtet habe.« Leider hat diese Studie keine Beachtung gefunden. »Man ist zur Tagesordnung übergegangen. Das ist so.«

»Warum wollte man die Resultate dieser Studie nicht zur Kenntnis nehmen?«

Hans Vontobel denkt ungewöhnlich lange nach. »Man ging davon aus, dass sich die Zeiten geändert hätten, und dass da einer schreibe, der die moderne Wirtschaft mit den modernen Finanzierungsmöglichkeiten eben nicht verstehe.«

»Nicht gerade ein Kompliment ...«

»Ich glaube, ich verstehe einiges. In der ersten Zeit der derivativen Produkte habe ich die Unterlagen zu Hause studiert, bis ich sie verstand. Ich gebe zu, inzwischen entsteht so viel Neues, da ist es einfach nicht mehr möglich. Aber ich sage immer: Man darf nur das verkaufen, was man selbst versteht. Heute kann man zwar mit Zahlen alles und jedes beweisen, der Spezialist sieht aber immer nur seine Sicht. Man muss den Mut aufbringen und dagegenhalten: ›Das glaube ich Ihnen nicht.‹ Es ist wesentlich, dass meine Meinung nicht nur auf Zahlenmaterial basiert, sondern auf Überlegungen ganz verschiedener Art.«

Hans Vontobel streitet nicht ab, dass ihm eine gewisse Intuition und seine vielfältige Erfahrung helfen, Tendenzen und Entwicklungen vorauszusehen. »Es spielt eine Rolle, was man in der Vergangenheit gespeichert hat. Eigentlich ist es eine ganz einfache Wahrheit. Nach einer Hausse von einigen Jahren wird es immer kritisch. Sie dauert in der Regel kaum länger als vier bis fünf Jahre. Dann werden die Menschen und die Bankenspezialisten wieder übermütig, es ist wieder eine neue Generation, die Dummheiten begeht. Sie muss auch ihr Geld verlieren. – Bevor der Rückschlag Ende

März 2008 eintrat, habe ich mit dem zuständigen Mitarbeiter gesprochen. Ich äusserte meine Sorge, dass uns jetzt ein grosser Einbruch bevorstehen könnte, konnte es ihm aber natürlich nicht beweisen. Daraufhin hat er mir auf eine gescheite Weise, wissenschaftlich fundiert und mit Akribie erklärt, dass alles gut laufen werde. Acht Tage später sind meine Befürchtungen eingetreten.«

»Haben Sie mit ihm darüber gesprochen?«

»Nein. Ich lasse niemanden kommen, um ihm zu sagen: ›Ich habe es ja gesagt ...‹«

»Wie können Sie diesem Treiben einfach so zuschauen?«

Es bleibt einen Moment ruhig im Büro an der Gotthardstrasse. Dann meint er bestimmt: »Man muss schon aufpassen, dass man nicht sagt: ›Ihr chönd mir id Schueh blase.‹ Vor allem, wenn man nachher für das ganze Desaster geradestehen muss. Aber ich habe gelernt, damit zu leben. Sie dürfen nachher nie sagen: ›Ich habe es ja gewusst.‹ Das bringt absolut nichts. Dieses Format muss man haben.«

Vontobels Rezept: Leer schlucken und vorwärtsgehen, durchaus im Bewusstsein, dass die anderen das Beste wollten, aber glaubten, auf eine Erfahrung wie seine verzichten zu können. »Das ist eben so. – Einst entdeckte ich in der Bibliothek des Georg-Fischer-Konzerns in Schaffhausen ein Buch über die Geschichte der Krisen. Der Autor schrieb, die Zeit der Krisen sei endgültig vorbei, Finanzwissenschafter hätten nun jenes Wissen erworben, das künftige Debakel verhindere. Das Buch stammt aus dem Jahr 1856!«

»Muss also jede Generation zwangsläufig Prügel bekommen und an ihre Grenzen zurückgeführt werden? Und: Könnte der Staat Ihrer Ansicht nach solche Exzesse verhindern?«

»Rein theoretisch müsste ja die absolut freie Marktwirtschaft ohne staatliche Intervention am besten funktionieren. Angebot und Nachfrage wirken sich auf verschiedensten Gebieten korrigierend auf die Preise und auf den Ausbau von Unternehmen aus. Aber es zeigt sich eben immer wieder: Es kommt dennoch zu Exzessen, herrührend im Grunde von menschlichen Schwächen. Es ist wie im Märchen ›Der Rattenfänger von Hameln‹, viele Leute laufen dem ›Verführer‹ hinterher. Und was in der Masse entsteht, sind Exzesse. Deshalb bin ich kein Freund der absolut freien Marktwirtschaft, denn sie geht davon aus, dass der Markt sich selbst reguliert. Und das stimmt eben nicht. Die sozialen Konsequenzen sind je länger je schlimmer, international und national. Man sagte, die globale freie Marktwirtschaft sei die grosse Chance für unterentwickelte Länder. Das hat sich keineswegs bestätigt. Man sollte ehrlich sein: Eine bestimmte Anzahl Länder ist immer noch so arm wie vor dreissig Jahren. Auch national wird der Graben zwischen Armen und Reichen immer grösser. Es braucht deshalb Leitplanken. Jene, die immer noch das Banner hochhalten, auf dem ›freie Marktwirtschaft‹ steht, huldigen dieser so lange wie möglich. Aber die Grenzen zeichnen sich früher oder später ab.«

»Dann soll oder muss in Ihren Augen der Staat eingreifen. Aber: Welches sind geeignete Massnahmen?«

»Zugegeben: Wie viel Staat und wie viel Freiheit – das ist eine stete Gratwanderung. Ich wurde in einer Zeit gross, als die Manövrierfähigkeit der Unternehmen klein war. Ich erinnere mich noch gut, wie wir von Reglementen und Konventionen beherrscht wurden und wie sich Gross- und Kantonalbanken durch Kartelle schützten, als wir Privatbanken ein eigenes Syndikat für eine Anleihe schaffen wollten. Seinerzeit wurde alles unternommen, dass die Bankenkommission personell möglichst unterbesetzt war, man befürchtete, dass eine stärkere Aufsicht zu einer Beschränkung der Gewinnmöglichkeiten führe. Ich hoffe sehr, dass wir nun nicht wieder in eine Zeit der Vorschriften zurückfallen.«

»Besorgt Sie das?«

»Zurzeit gibt es viele selbsternannte Heilsbringer, die glauben, alles Mögliche verschreiben zu müssen. Man löst das Problem nicht mit der Aufblähung der Behörden und noch weniger mit zusätzlichen Vorschriften. Ganz allgemein ausgedrückt: Je mehr Vorschriften wir haben, desto weniger Gewicht haben sie. Und es gibt immer wieder Lücken. Mir erscheint es sehr wichtig, dass aus der jetzigen Finanzkrise die richtigen Lehren gezogen werden.«

»Die da wären?«

»Die Aufsichtsbehörde kann beispielsweise durch entsprechende gesetzliche Erlasse erreichen, dass eine Bank, die verschiedene Tätigkeiten ausübt, sich bei der internationalen Expansion auf Teilgebiete beschränken muss. Die Weichen sollten aber ganz allgemein neu gestellt werden. Die Unternehmen wie der Staat müssen sich vermehrt wieder der sozialen und marktwirtschaftlichen Verantwortung bewusst werden. Ich befürchte, dass es nicht geschieht. Dann sind wir in fünf Jahren genauso weit wie heute. Und irgendwann wird unsere Gesellschaftsordnung in Frage gestellt werden. Eine Revolution würde mich dann nicht mehr überraschen.«

Tiefe Falten auf der Stirn zeigen, wie besorgt der Bankier ist.

»Eben beobachten wir, wie asiatische Staatsfonds sich an der UBS beteiligen. Inwiefern kann und soll der Staat in diesem Fall eingreifen?«

»Diese Fonds fassen in der Schweiz mit der Begründung Fuss, sie möchten ihr grosses Kapital irgendwo sinnvoll anlegen, es sei aber nur eine Kapitalanlage. Das glaube ich nicht. Die wollen längerfristig geschäftspolitisch Einfluss nehmen. Stimmen werden laut, die sich gegen starke russische Beteiligungen in Deutschland oder in der Schweiz äussern. Das ist sicher zum Teil emotional geprägt. Auf der anderen Seite muss man sehen, dass hier in aller Stille eine wirtschaftliche Potenz entsteht, die nach aussen drängt und die im Grunde die gleiche Politik verfolgt wie die Schweizer Unternehmen Nestlé und Novartis früher. Wenn eine nationale Volkswirtschaft unabhängig weiterbestehen soll, wird man die verschiedensten Barrieren aufbauen. Das ist an entsprechenden politischen Äusserungen in Deutschland schon ganz deutlich zu erkennen. Auch hier zeigt sich, dass die völlig freie Markwirtschaft an Grenzen stösst. – Ich warne aber vor Tendenzen der vermehrten Verstaatlichung, die zur Dauererscheinung werden. Nicht Beamte sollen diktieren, denn sie sind keine Bankfachleute. Dann würden unternehmerische Entscheide nämlich nicht aus ökonomischen, sondern aus politischen Überlegungen heraus gefällt. Das wäre eine gefährliche Entwicklung.«

»Man muss tatsächlich von einer Weltkrise sprechen, denn der jetzige Finanzkollaps beschränkt sich ja nicht auf eine bestimmte Branche. Könnte eine globale Transparenz präventiv wirken?«

»Die Weltwirtschaft ist immer enger verwoben, das Bankensystem weltweit vernetzt. Es fehlt an Transparenz. Und es fehlt eine globale Aufsichtsbehörde, die den Überblick hat. Sie werden mir entgegnen, wir hätten ja Organisationen wie die Weltbank, die Bank für Zahlungsausgleich BIZ und den Internationalen Währungsfonds IWF. Diese sind aber weder für derartige Aufgaben geschaffen, noch aufgrund ihrer eigenen politischen Bindungen dazu bereit. Ihre Haltung wird sehr stark von den USA bestimmt. Folglich müssen neue Organisationsstrukturen gefunden werden.«

Hans Vontobel wirft noch einige andere – nicht weniger wichtige – Fragen auf, wie beispielsweise die nach dem Verwaltungsrat: »Die geeignete Besetzung ist bei den Banken sehr schwer zu finden. Es genügt nicht, Politiker zu sein oder einen erstklassigen Namen zu haben. Es braucht ein Verständnis für das Fach an sich, zumal das Bankgeschäft immer komplexer wird.« Somit kommen hauptsächlich Persönlichkeiten mit Bankhintergrund und internationaler Erfahrung in Frage, weniger Pensionierte. »Und wichtig wäre eben auch, dass der Verwaltungsrat nicht isoliert betrachtet wird. Das Verhältnis zur Geschäftsleitung muss stimmen: Ist diese eher aggressiv eingestellt, sollte der Verwaltungsrat mehr kontrollieren. Ist sie hingegen eher verwaltend, sollte er anregen und ›schubsen‹.« Nicht zu unterschätzen sind zudem die riesigen Traktandenlisten, die sehr viel Zeit an Vorbereitung benötigen: »Auch bei uns. Und da frage ich mich, ob wirtschaftliche Koryphäen sich genügend Zeit dafür nehmen können und wollen?« Und: »Bei uns wird der Verwaltungsrat jedes Jahr aufs Neue bestätigt. Die Forderungen nach Transparenz, diese ganze Corporate-Governance-Richtlinien sind zwingend nötig, nützen aber überhaupt nichts, wenn die betreffenden Herren im Verwaltungsrat keine Zivilcourage zeigen. Auch wenn man miteinander befreundet ist, muss man nötigenfalls unbequem sein und versuchen, sich beharrlich durchzusetzen. Und für diese Diskussionen und diese Hartnäckigkeit braucht es wiederum Zeit.«

»Die Medien haben nach Lösungen verlangt und selbst welche vorgelegt wie beispielsweise, das Investment- vom Privatebanking zu trennen. Wie beurteilen Sie solche Vorschläge?«

Hans Vontobel mahnt: »Man muss sehr vorsichtig sein, wenn man diese Ausdrücke verwendet. Diese Begriffe bedeuten, je nachdem, wer sie benutzt, nicht das Gleiche. Dem Investmentbanking kann nämlich der traditionelle Börsenhandel, das sogenannte Brokerage, angehören. Diese Geschäfte werden seit ewigen Zeiten betrieben, selbstverständlich mit Risiken, die sich aber einschätzen und begrenzen lassen. Nicht so bei denjenigen Investmentbanken, die durch die Finanzierung von Private-Equity-Gesellschaften gewagte Spekulationen ermöglichen. Die Trennung ist aber so oder so nicht das Ei des Kolumbus. Man muss es praktisch sehen: Der Gross-industrielle ist Privatkunde der Grossbank, aber er möchte auch Geschäfte für sein Unternehmen abwickeln. Soll man ihn dann an eine andere Adresse verweisen? Das sollte unter einem Dach möglich sein, aber eben mit Grenzen.«

Hans Vontobel hat auch zur Hand, wie eine solche Begrenzung aussehen kann: »In dem uns doch weit entfernten Markt der USA beschränken wir uns auf Kerntätigkeiten im konservativen Rahmen. Man kann auch auf diese Weise stark sein, aber natürlich nicht ›Number one‹ werden.«

Der Privatbankier verfolgt die Berichterstattung in den Medien intensiv. Diskussionen um einzelne Personen und Unternehmen findet er hingegen überflüssig.

»Wo müsste Ihrer Meinung nach die Diskussion vertieft werden und wo ganz neu beginnen?«

»Bei den Ratingagenturen: Diese haben die Benotung der Banken und anderer börsenkotierter Unternehmen zu spät korrigiert und deshalb wesentlich zur aktuellen Finanzkrise beigetragen. Und weshalb waren sie zu spät? Man sollte einmal untersuchen, wie es um die Unabhängigkeit der Ratingagenturen bestellt ist.«

Hans Vontobel hat vor wenigen Jahren selbst diese Agenturen untersuchen lassen und in einer Publikation festgehalten, dass diese im Einzelfall wegen eigener Geschäfte und Beteiligungen nicht unabhängig agieren.

»Die Resultate dieser Studie wurden nur gezielt bei Kunden plaziert und gingen nicht gross an die Öffentlichkeit, weil man es sich mit den Ratingagenturen nicht verderben wollte. Die Banken sind ja auf gute Noten angewiesen. – Nichtsdestotrotz braucht es Ratingagenturen. In einer dermassen internationalen Wirtschaftswelt kennen wir im Gegensatz zu früher nicht mehr alle Unternehmen und Unternehmer. Die Finanzanalysten sind zwar gescheit, aber oft sehr jung und ein breites Wissen oder die Erfahrung fehlt ihnen. Ich bin jeweils etwas skeptisch, wenn es heisst, ›viele Analytiker sind der Meinung‹. Das ist die Heerstrasse, auf der man geht, was ich für sehr problematisch erachte.«

Vontobel beantragte vor längerem in einem Zeitungsartikel, dass die Schweiz ihre eigene Ratingagentur gründen solle, so dass nicht nur Agenturen wie Moody's, Standard & Poor's etc. aus den USA und aus England das Feld beherrschten.

»Es erschien kurz danach ein Artikel eines von mir sehr geschätzten Bankiers und Vertreters einer Grossbank. Dieser schrieb, das sei völlig falsch, man dürfe keine eigene Ratingagentur haben, weil zu teuer usw. Heute darf man wohl sagen, es wäre vielleicht gut gewesen, wir hätten eine gehabt.«

»Offenbar hat bei vielen Banken auch das interne Risikomanagement versagt. Wie beurteilen Sie diese Problematik im Bankenumfeld?«

»Man muss herausfinden, ob Risiken bestehen, die es früher nicht gab. Und das funktioniert nicht nur mit Zahlen und Tabellen, sondern mit regelmässigen Gesprächen – zum Beispiel mit dem Verantwortlichen des Risikomanagements. Bei uns ist das eine Frau.«

Es blitzt ein Funken Stolz in den Augen des Patrons auf: »Ich will ehrlich sein, ich habe sie nicht ausgewählt. Aber sie ist eine sehr gute Wahl.«

Hans Vontobel erklärt an einem Beispiel, wie er fragt und handelt: »Es gibt immer wieder neue Trends – das ist wie in der Mode. Ein Trend ist zum Beispiel der, dass die Kunden sagen: ›Wir möchten in Immobilien investieren. Auch im Ausland.‹ Nun gibt es Gesellschaften im Ausland, die in gewissen Ländern Immobilien besitzen und ihre Aktien an ein breites Publikum abgeben. Da stelle ich die Frage: ›Sind diese Immobiliengesellschaften gut?‹ Die Antwort: ›Sie haben ein Rating und wir kontrollieren dieses ständig. Zudem sind sie an der betreffenden Börse kotiert und wir kontrollieren stetig die Kurse.‹ Die Vergangenheit hat aber gezeigt, dass das nicht ausreicht. Und es genügt bei weitem nicht, dass man sich gegenüber einem Kunden mit dem Satz, man habe ihn auf die Risiken eines solchen Engagements aufmerksam gemacht, aus der Affäre zieht, wenn irgendetwas schiefläuft. Wir müssen noch viel härter durchgreifen und sagen: ›Solche Vermittlungen machen wir nur in beschränktem Umfang.‹

Am liebsten würde ich noch weiter gehen: ›Wir vermitteln diese Produkte nicht.‹ Wenn ich in einem Spezialgeschäft für Luxusartikel an der Bahnhofstrasse ein Produkt verlange, muss ich damit rechnen, dass sie sagen: ›Das führen wir nicht.‹ Warum soll ich das als Bank nicht auch so handhaben? – Die Finanzpresse veröffentlicht jeweils, wie gross der Anteil der einzelnen Banken am Gesamtkuchen an derivativen Instrumenten ist. Wir haben einen beachtlichen Anteil. Aber ich frage mich manchmal schon, wie viel wert der Bank ein vorderer Rang sein soll.«

»Vontobel war auf der Rangliste dieser inzwischen umstrittenen Instrumente jeweils die Nummer eins. In der neusten Ausgabe rangiert die Bank auf Platz zwei.«

»Ja. Und das ist besser so. – Ich möchte noch einen letzten Gedanken anfügen: Jetzt kommen wieder neue Banken, zum Beispiel Reichmuth & Co. in der Innerschweiz. Ich habe Vater und Sohn vor kurzem kontaktiert. Solche kleinen Banken haben gute Chancen. Und sie leiden auch noch nicht unter dieser enormen Bürokratie. Aber sie sind ebenso den Risiken des Finanzmarktes ausgesetzt. Ich freue mich, dass hier eine neue Konkurrenz entsteht. Es kommt immer wieder von unten etwas Neues. Das ist tröstlich.«

Hans Vontobels nächster Termin steht an, Verwaltungsratspräsident Urs Widmer und ich geben uns die Klinke in die Hand.

SCHAUPLATZ — 04

»Ich mag schwierige Menschen«

Von Eltern und Kindern, vom Lernen und Studieren, von Krieg und Frieden

Treffpunkt: Hotel Zürichberg, Ende April 2008, 15 Uhr. Vor nahezu siebzig Jahren sass Hans Vontobel an einem Nachmittag etwa zur selben Zeit an einem der langen Holztische im einst alkoholfreien Kurhaus Zürichberg. Wir trinken Kaffee, und Hans Vontobel betont: »So um 1940 zahlte ich für einen Kaffee Crème 25 Rappen.«

Studienzeit, Kriegszeit: Wie die meisten Männer seines Alters leistete Hans Vontobel Aktivdienst. »Wenn ich Urlaub hatte, bereitete ich mich auf die Prüfungen vor und schrieb an meiner Dissertation – alles immer mit der Uhr in der Hand, denn wir hatten jeweils nur zwei oder drei Wochen Urlaub.« Morgens um halb fünf stand er auf, lernte in seinem Schlafzimmer bis sieben Uhr, anschliessend zog es ihn in die Natur. »Nach einer Stunde auf einer Holzbank oben bei uns im Wald nahm ich Mappe und Bücher und wanderte zur nächsten. Wenn ich aus dem Militärdienst nach Hause kam, hatte ich kein Sitzleder. Nachmittags gegen vier Uhr landete ich gewöhnlich hier im Hotel Zürichberg. Ich sass in diesem Raum an einem der vielen Tische, die von – nach meinen damaligen Begriffen – ›alten, plaudernden und Kaffee trinkenden Frauen‹ bevölkert waren.« Für Hans Vontobel die optimale Atmosphäre, um sich auf sein Studium zu konzentrieren: »So wie Schiller behauptete, dass ihn faule und schlecht riechende Äpfel in der Schublade zum Schreiben inspirierten, so wurde ich vom Kaffeeduft und dem lebhaften Geplauder der alten Damen zum Lernen angeregt.«

Wer nun etwa erwartet, dass der Student und spätere Bankier seine Dissertation über Finanzen geschrieben habe, hat weit gefehlt. »Ein Dozent, den ich sehr schätzte, hat mir ein scheidungsrechtliches Thema vorgeschlagen, das ihn offenbar selbst sehr interessierte.« Und so promovierte Hans Vontobel schliesslich mit »Kompetenzausscheidung zwischen Fürsorgebehörden und Gerichten in der Fürsorge für Scheidungskinder«.

»Im Grunde war die Arbeit spannend und wichtig, aber sie hatte natürlich nichts mit meinem späteren Berufsleben zu tun. Ich bin da ›hineingerutscht‹, wie in so vieles in meinem Leben. – Dummerweise habe ich die scheidungsrechtliche Dissertation mit meiner Vermählungsanzeige – 7. Oktober 1943 – zusammen verschickt. Das kam nicht überall gleich gut an«, kokettiert Hans Vontobel.

»Heute würde so etwas wohl kaum mehr viel Staub aufwirbeln. – Scheidung, für Sie persönlich nie ein ernsthaftes Thema?«

Lange Sekunden verstreichen, dann antwortet Hans Vontobel mit sorgfältig gewählten Worten: »Scheidung ist nie zur Diskussion gestanden. – Man kann sich aber auseinanderleben und unterschiedlich entwickeln. Das darf man niemandem vorwerfen. Ich bin der Auffassung, man sollte ehrlich sein, man sollte auch gegenüber sich selbst ehrlich sein und eine schlechte Ehe lieber beenden.«

Hans Vontobel traf Margrit Gut während des Rechtsstudiums an der Universität Zürich. »Es gab vier Frauen in der Vorlesung, und eine davon habe ich geheiratet.«

»Was machte diese eine denn so besonders?«

»Vieles, aber sie war mit Abstand die Hübscheste. Das spielt für mich eine grosse Rolle, denn ich gestehe: Ich kann mit einem vertrockneten Blaustrumpf nichts anfangen. – Ich war im richtigen Alter. Wir heirateten, zogen in eine Wohnung an der Hadlaubstrasse – angrenzend an das Quartier Fluntern – und nach neun Monaten kam das erste Kind. So machte man das damals, und es war in Ordnung.« Margrit Vontobel, ebenfalls Dr. iur., verzichtete auf die Ausübung ihrer Tätigkeit als Juristin in der eidgenössischen Getreideverwaltung in Bern und widmete sich der Familie und den gemeinsamen Kindern. »Meine im Sommer 2003 verstorbene Frau hat in den langen Jahren ein grosses und stilles Verständnis für meine vielen Beschäftigungen gezeigt.« Hans Vontobels helle, jugendliche Stimme nimmt eine warme und dunkle Färbung an. Man spürt, wie dankbar er seiner langjährigen Lebensgefährtin ist.

So sehr, wie er das Hotel Zürichberg mit seiner Dissertation verbindet, so eng und untrennbar ist die Beziehung des Traditionszürchers mit dem Quartier Fluntern, in dem er aufwuchs, zur Schule ging und heute noch lebt. Mit Feuer erzählt Hans Vontobel, wie sich dieses ländliche Dorf zu einem Teil der Grossstadt Zürich entwickelte: »Es gab in diesem Quartier historisch ein paar wichtige Momente, zum Beispiel während der Koalitionskriege. 1799 besetzten die Franzosen Zürich, die Österreichische und die Russische Armee rückten von Norden vor. Die Franzosen hatten hier oben ihre Bastion mit ausgebauten Batteriestellungen und schlugen die Russen von hier aus zurück; in Schwamendingen erinnert ein Denkmal an diese Kämpfe. – Bis 1893 war dieses Quartier ein Weindorf, bewirtschaftet von vielen Bauern. Auf meinen Bildern und Stichen sieht man, wie weit sich die Rebberge ausdehnten. Wenn jemand ohnmächtig wurde, sagte man jeweils, man müsse ›Fluntern-Wein‹ trinken, dann komme man sofort wieder zu Bewusstsein, es war nämlich ein sehr saurer Tropfen.«

Ende des 19. Jahrhunderts wurde das Dorf in die Gemeinde Zürich aufgenommen, und die geplagten Bauern, deren Ernten von der Reblaus vernichtet worden waren, witterten das grosse Geschäft.

»Viele verkauften ihr Land – heute würde man sagen ›spekulativ‹. Und nach ein paar Jahren verloren sie ihr Geld wieder auf dumme Art. Im Buch von Kurt Guggenheim ›Alles in Allem‹ wird eine solche Spekulation sehr schön geschildert.«

Sukzessive wurden das ländliche Gebiet rund um das Quartier Fluntern, das anschliessende Quartier Oberstrass und selbst der Geissberg überbaut.

»Ein deutscher Spekulant hatte viele Villen aufstellen lassen, konnte sie aber nicht verkaufen, weil sie verkehrsmässig nicht erschlossen waren. Deshalb baute er die Seilbahn Rigiviertel.«

Auf der anderen Seite führte das Tram auf den Zürichberg, allerdings nur bis zur Kirche Fluntern.

»Im Volksmund hiess das Tram – wegen seiner gelben Farbe – ›Kanarienvögeli‹. Manchmal nahm mich meine Mutter an der Hand, und wir holten meinen Vater an der Endstation ab.«

Als in den 1920er Jahren die ersten Autos im Quartier auftauchten – »meine Eltern besassen relativ früh eines, einen Chrysler mit dem Nummernschild 315R«, liessen sich die Buben nicht davon abhalten, möglichst jeden Abend auf der Susenbergstrasse Handball und Völkerball zu spielen.

»Die Strasse war noch nicht gepflastert, und ›Pfiffeli‹ putzte die Gaslaternen. Immer wenn er auf der Leiter zuoberst stand, haben wir gepfiffen. Das hat ihn derart geärgert, dass er so schnell er konnte von der Leiter stieg und hinter uns herrannte.«

Die Erinnerung zaubert ein lausbübisches Lächeln auf das Gesicht des alten Herrn.

»Oben im Wald, gerade hinter dem Hotel Zürichberg, fand jeweils im Sommer das Waldfest statt. Unsere langjährige Haushaltshilfe, eine Jugoslawin, wollte unbedingt dorthin, benötigte dafür aber die Erlaubnis meiner Eltern; diese stimmten unter der Voraussetzung zu, dass sie mich als Anstandswauwau mitnahm.«

Hans Vontobel führt mit lebendigen Episoden durch sein Quartier, deutet lebhaft in alle Richtungen: »Dort oben in der Kiesgrube haben wir auch unsere Revierkämpfe ausgetragen und uns heftig geprügelt, und zwar quartierweise. Man war eher ein Fluntermer als ein Zürcher. Ich habe stets wacker an den Prügeleien gegen die Obersträssler teilgenommen.«

Konkurrenz um das wohlhabende Revier herrschte auch unter den Milchlieferanten.

»Der eine, Heiri Lattman, gehörte zu den Vereinigten Zürcher Molkereien und kam vom Rigiblick her. Im Frühling fuhr jeweils seine Frau Rösi mit, um Bohnensamen zu verkaufen. Die anderen, die Gebrüder Peter – beide Bauern –, kamen von Gockhausen. Alle waren mit Pferd und Wagen unterwegs, fuhren grusslos aneinander vorbei, der eine zu Familie A, der andere zu Familie B.«

Es war eine behütete Kindheit an der Susenbergstrasse, man kannte einander, wusste von den Eigenheiten und Vorlieben der Nachbarn. Der Vorbesitzer des Hauses Nr. 169 hatte sich beim Kauf ausbedungen, in der Gartenwohnung bleiben zu können. »Er hiess Kammberger, ein Deutscher. Ich sehe ihn immer noch vor mir, wie er bei gutem Wetter im Schlafrock auf dem kleinen Platz im Garten ganz vorne am Mäuerchen stand und lange auf die Stadt Zürich schaute.«

Mit der wirtschaftlichen Entwicklung der ganzen Region – »unsere Familie gehörte zu den ersten, die ein Telefon besassen; ich weiss noch unsere Nummer: Hottingen 2071« – veränderte sich auch die Nachbarschaft: »Interessante Menschen entdeckten das Quartier. Zum Beispiel wohnte der Nobelpreisträger für Chemie, Professor Paul Karrer, direkt unter uns. Unterhalb von ihm residierte Rechtsanwalt Dr. Tobler. Dessen Sohn, der spätere ›Fronten-Tobler‹, gehörte zu den führenden Köpfen dieser rechtsradikalen Bewegung in der Schweiz. Vis-à-vis von uns lebte ein Weinhändler, der nächtelang hustete. Man erzählte sich, das komme vom vielen Trinken. Die jüngere seiner beiden Töchter hat mich einmal tödlich beleidigt. Sie behauptete, ich könne nicht gut rechnen.«

»Vielleicht hatte sie ja recht. Hand aufs Herz – wie stand es denn um Ihre Rechenkünste?«

Ertappt. Hans Vontobel legt die hohe Stirn in tiefe Falten.

»Also, na ja, ich hatte am Rechnen nie besonders Freude, aber ich war auch nicht schlecht.«

Besondere Freude zeigte der junge Hans Vontobel an allem, was mit der Natur zu tun hat. »Wenn man da vorne weitergeht, am Wald entlang, stossen Sie auf Schrebergärten. Mit etwa fünfzehn Jahren packte mich dieses Fieber und ich pachtete einen davon, rund 200 m^2, dank der finanziellen Unterstützung meiner Mutter. Von zu Hause bis dort hinauf benötigte ich zu Fuss etwa fünf bis sieben Minuten. Von Frühling bis Herbst ging ich fast jeden Morgen um halb fünf oder fünf Uhr dorthin ›go buure‹. Ich hatte grossen Spass daran, aber meine Noten im Gymnasium litten darunter, weil ich immer müde war.« Vater Jakob sprach ein Machtwort – »dem Familienfrieden zuliebe musste ich den Schrebergarten aufgeben, sonst wäre ich aus dem Gymnasium geflogen« –, und das so liebevoll gehegte Gartenreich versank in einen Dornröschenschlaf.

Alle Leidenschaften liess sich Sohn Hans jedoch nicht verbieten: »Ganz oben bei den Schrebergärten hauste Strassenarbeiter Niederer mit seiner Chüngelzucht, französische Widder.«

Der Gymnasiast versuchte sich ebenfalls als Züchter, und zwar mit zwei Kaninchen, die ihm seine Mutter schenkte.

»Man sagte mir allerdings erst nach einer gewissen Zeit, nachdem sich partout kein Nachwuchs einstellen wollte, dass zwei Männchen zusammen keine Jungen bekommen. Auf diese Art erfuhr ich eine frühe Aufklärung.« Züchterkollege Niederer konnte helfen: »Ich bekam von ihm eine gedeckte Zibbe, das ist ein Weibchen, das beim Rammler, beim Männchen, war. Er war sehr stolz darauf, dass das Weibchen bei einer Ausstellung 94 Punkte und der Rammler sogar 96,5 erhalten hat – das gäbe tolle Junge. Entsprechend hoch war dann der Preis, den ich zahlen musste.«

Kaum waren die Kaninchen alt genug, um von der Mutter weggenommen zu werden, tauchte der Strassenarbeiter wieder auf.

»Ich konnte natürlich nicht alle behalten, und er bot an, die Jungen zu nehmen, nicht ohne zu insistieren, dass sie nichts wert seien. Er gab mir folglich kaum etwas dafür.«

»Gegen die Kaninchen hatte Ihr Vater anscheinend nichts einzuwenden.«

»Er tolerierte sie; meine Mutter unterstützte mich sehr, zeitweise hatte ich zu Hause fast 40 Chüngel verschiedener Rassen.« Seine blauen Augen leuchten.

»Meine Mutter stand mir auch sehr zur Seite, als ich an Ostern um 1930 beim Füttern der Tiere eine Tragödie erlebte. Ein Weibchen hatte geworfen, die Kleinen waren etwa vier Wochen alt. Als ich sie fütterte, brach die Mutter plötzlich tot zusammen. Eigentlich hätte ich einige der Jungen töten müssen, was ich nicht übers Herz brachte, und das Muttertier stand die Belastung durch den grossen Wurf nicht durch. Folglich musste ich die Kleinen mit der Flasche aufziehen. Das war ein enormer Aufwand, einen Wurf ein paar Mal am Tag zu ›schöppeln‹.«

Seine Eltern akzeptierten nicht nur die Kaninchenzucht unter dem Balkon, auch Schildkröten durfte Sohn Hans anschaffen. Erst als er noch eine Taubenzucht im kleinen Turm des Hauses aufziehen wollte – »ich dachte, dieser

Ort wäre ideal für eine Taubenzucht« –, legten die Eltern ihr Veto ein.

Diese heile Welt fand abrupt ein Ende, als die Schatten des Zweiten Weltkriegs bedrohlich näher rückten. Auch für Leutnant Hans Vontobel wurde es ernst: Als die Armee zum Aktivdienst rief, rückte er in die Infanterie ein; als Brillenträger wurde er zu den Füsilieren eingeteilt.

»Als wie ernst haben Sie die Lage tatsächlich eingestuft?«

»So komisch es klingt, man ging im täglichen Krimskrams auf. Fleisch gab es beispielsweise nur einmal in der Woche. Meine Mutter erzählte manchmal, diese oder jene Metzgerin hätte ihr unter der Hand noch etwas Fleisch zugesteckt, das sie für den Sonntag spare. Von meinem Standort aus schickte ich ihr mit der schmutzigen Wäsche so oft ich konnte Fleischkonserven, weil sie diese so gern mochte. – Die Aussenwelt hat für uns nicht existiert. Alles, was sich im Ausland abgespielt hat, die Konzentrationslager – davon wussten wir nichts. Einige unserer besten Soldaten waren Juden, doch wir realisierten das kaum; das rassistische Gedankengut fehlte uns. Hingegen sahen wir die vielen Emigranten, die sich hier im Kurhaus trafen, alle Tische waren voll von ihnen, sie haben Guetzli in sich reingestopft, sie schotteten sich ab und blieben für sich.«

Dieses zwiespältige Gefühl fand seine Bestätigung, als Hans Vontobel die Tagebücher von Thomas Mann las: »Sie haben mich in menschlicher Hinsicht sehr enttäuscht. Seine grosse Sorge war, dass er in Zürich zum Beispiel nicht die guten, grossen Zigarren bekam, die er sich gewohnt war.«

Bei Vontobels zu Hause wurde nicht gross politisiert. »In Zürich stand man in gutbürgerlichen Kreisen – ich benutze extra diesen Ausdruck – ziemlich rechts. Ich war im Dienst, als Generalfeldmarschall Erwin Rommel in Afrika vorstiess. Man hat Wetten darauf abgeschlossen, wie lange es wohl daure, bis er in Kairo einmarschiere. – Man darf nicht vergessen: Unsere Instruktoren wurden mehrheitlich in der deut-

schen Reichswehr ausgebildet, sie kamen mit diesem nationalistischen Gedankengut zurück.«

»Man kann also festhalten, dass anfänglich in gewissen Kreisen die Pro-Deutsche-Haltung überwiegte. Wie erklären Sie sich diese Faszination?«

»Die Deutschen verstanden es sehr geschickt, in ihrer Zeitung – ›Signal‹ hiess sie – die grossen Erfolge der Wehrmacht darzustellen: keine Toten, auch keine zerstörten Gebäude, alles war ein einziger Erfolg, Sieg auf der ganzen Linie. Das imponierte uns Jungen, und dem konnte man sich einfach nicht entziehen.«

»Schwer nachvollziehbar, aus heutiger Sicht ...«

»Zugegeben. Andererseits hätten wir uns niemals kampflos ergeben, das stand überhaupt nicht zur Diskussion. – Ich vergesse nie die Nacht vom 9. auf den 10. Mai 1940: Es schien, als ob es auch bei uns losgehe. Unsere Soldaten hantierten bis weit nach Mitternacht an ihren automatischen Waffen und ermutigten sich gegenseitig: ›Mir mached möglischt vill vo dene Schwabe kaputt.‹ – Ich war am 9. Mai abends, als eben die Meldung eintraf, im aargauischen Stilli. Das ist die Einfallachse bei Zurzach, Brugg – die ideale Einfahrt für die Panzerkräfte. Ich hatte die ehrenvolle Aufgabe, sie zu sperren. Wir haben während Wochen Löcher ausgehoben, Bunker gebaut und Drahtverhaue installiert. Am 9. Mai rief uns der Hauptmann zusammen: ›Diese Nacht geht's los. Die neusten Meldungen lauten, dass das deutsche Alpenkorps auf dem Vormarsch durchs Wutachtal ist. Die Verletzten kommen hierher, die Toten werden dort hinten hingebracht.‹ Das lief alles ruhig und ganz sachlich ab, und man ging zurück auf seinen Posten. Sie kamen nicht, es war ein Scheinmanöver, alles rein strategisch. Die Deutschen haben kurz vor der Grenze abgedreht Richtung Westen.«

»Nebst der Erleichterung, noch einmal davongekommen zu sein: Haben Sie sich eigentlich auch damit beschäftigt, dass Sie kein Glück haben könnten, dass Sie vielleicht nicht heil aus dieser Situation herauskommen würden?«

»Wir waren so ›drin‹, das Leben an sich spielte keine Rolle, es gab hie und da Tote. Das war der Krieg, und das war eben so.«

Ein sehr nachdenklicher Hans Vontobel gibt nach einigen in sich gekehrten Momenten zu erkennen, dass dieser Fatalismus keineswegs von Dauer war und er sich des Werts des eigenen Lebens sehr bewusst, ja, dass es ihm lieb und teuer war.

»Es gab in der Schweiz bis 1947 Internierungslager. Mich und meine Kompanie beauftragten die Vorgesetzten, die Strafinternierten – vorwiegend Deserteure – zu bewachen. Eines Tages bei Dienstantritt warnte man mich, dass eine Revolte bevorstehe; die Internierten waren mit ihren Nerven am Ende, sie konnten keine Waffen mehr sehen. Unsere Leute hielten alle geladene Maschinenpistolen in den Händen – es herrschte eine hochexplosive Stimmung. Ich legte meine Waffe weg, ging in die Baracke, sprach ganz ruhig mit den Leuten, wir haben sogar gelacht. Damit war die Situation entschärft und die Sache erledigt.«

Zeit, um nachzudenken, blieb ihm keine, denn: »Angst hin oder her – ich wusste, es gab nur diesen einen Weg, sonst hätte es eine Revolte und Tote gegeben.«

Er schlägt die Beine übereinander, die verschränkten Hände ruhen über den Knien – eine typische Vontobel-Position. Seine Miene signalisiert Themenwechsel, das Militär ist für ihn abgeschlossen, und auch über seine letzte Funktion im Nachrichtendienst – »die haben gedacht, dass passe gut zu meinem Job« – mag der ehemalige Oberst im Generalstab nicht mehr sprechen.

Nur wenige Stunden und Tage verbrachte Offizier Vontobel während des Kriegs ohne Uniform, ganze drei Tage gewährte man ihm und seiner frisch Angetrauten für die Flitterwochen; die restliche »Freizeit« vor der Hochzeit ging für die Büffelei an der Uni drauf.

»Ausser am Abend, da genoss ich das Studentenleben. Man traf sich damals in traditionellen Beizen. Beliebt waren die Bollerei am Hechtplatz und die spanische Weinhalle mitten im Niederdorf.«

In den 1960er Jahren stand Letztere zum Verkauf. Die Zürcher Studentenverbindung Singstudenten kam auf den Bankier Vontobel zu und bat um finanzielle Unterstützung. »Ich gab ihnen sofort einen Vorschuss, damit sie das Lokal übernehmen konnten, und daraus entstand die heutige Kantorei.«

»Der distinguierte Herr ein draufgängerischer Student?«

Hans Vontobel lacht: »Viel trinken – das war nur der Vorname. Obwohl: Im Vergleich zu den anderen war ich jeweils relativ vernünftig. Am Freitagabend im Abendschoppen gab es solche, die sagten: ›Unter vierzig Bechern fange ich gar nicht erst an.‹ Die gingen jeweils hinaus, erbrachen sich und tranken weiter. Wissen Sie, es ist dumm und kindisch. Aber ich glaube, dass zumindest die Männer in einem bestimmten Alter ihre Kräfte irgendwie verpuffen müssen.«

Ganz nehme ich ihm diese Einsicht nicht ab, zu vergnügt ist sein Gesichtsausdruck.

»Ich kam jeweils spät nach Hause, meistens musste ich die etwa drei Kilometer zu Fuss marschieren, weil kein Tram mehr fuhr. Einer, der das letzte Tram jeweils noch erwischte, war der Notar von Zürich Altstadt, ein echtes Unikum namens Fischer. Er fuhr auf die Allmend Fluntern, und lief dann hinunter nach Dübendorf, wo er bei seiner ledigen Schwester lebte. Jeden Nachmittag ging dieser kuriose Mensch um 16 Uhr ins alte Huguenin, wo eine Wienerkapelle spielte, und sass an einem Marmortisch. Wenn die Musiker aufhörten zu spielen, prüfte er mit Habichtsaugen, ob alle klatschten. Und falls nicht, ging er von Tisch zu Tisch und beschimpfte die Gäste: ›Sie verstehen wahrscheinlich nichts von Musik.‹«

Mehr von Musik hingegen verstanden Jakob und Emma Vontobel, bei denen während und nach dem Krieg viele bekannte Sänger, Schauspieler und Künstler jener Zeit regelmässig verkehrten.

»Ein guter Bekannter meines Vaters war zum Beispiel Emil Jannings, der berühmteste Filmschauspieler Europas, und ein echter Bonvivant.«

Emil Jannings, weltbekannt geworden als Professor Unrat an der Seite von Marlene Dietrich in »Der blaue Engel«, wirkte nach 1933 mitunter in nationalsozialistischen Propagandafilmen, was ihm nicht wenige Kritiker übelnahmen. Seinen letzten Film (1945) konnte er nicht beenden, weil ihn die Alliierten mit einem lebenslangen Auftrittsverbot belegten.

»Egal, was man ihm alles nachsagen kann – einmal meinte Emil Jannings zu meinem Vater: ›Ich habe in meinem Leben vieles angestellt, aber ich habe nie etwas bereut!‹ Ich fand, das muss unglaublich schön sein, wenn man so etwas sagen kann.«

Mindestens ebenso stark wie die Künstler faszinierten den jungen Studenten die »Abenteurer« jener Zeit, die gerngesehene Gäste bei Vontobels waren.

»Walter Mittelholzer, der Schweizer Luftfahrtpionier, zudem noch Photograph und Reiseschriftsteller, lebte in unserer Nachbarschaft und war mit meinem Vater befreundet. Oder Otto Heitmanek, der das erste viermotorige Flugzeug der Swissair, die DC-4 (HB-ILA), von New York nonstop nach Genf flog. Die haben mir imponiert.«

Die Gäste von nah und fern schätzten die Geselligkeit im Hause Vontobel, und ganz besonders die Herzlichkeit von Mutter Emma. Mit einem dankbaren Blick denkt Hans Vontobel an seine Mutter zurück. »Jedes Mal, wenn es bei mir sehr spät wurde und obwohl ich die Schuhe auszog und die Treppe hinaufschlich, ging beim Schlafzimmer meiner Eltern die Tür auf und meine Mutter sagte: ›Hans, chunsch

endlich.‹ Sie hat nie geschlafen, bevor ich zu Hause war. – Ja, sie hatte mich sehr gern. Und ich sie auch. Obwohl sie eine sehr lose Hand hatte.«

Emma Vontobel, geborene Höhn, hatte deutsche Wurzeln; ihre Mutter war mit Schwester Anna wie viele Deutsche zu jener Zeit in die Schweiz eingewandert und führte mit grossem Fleiss einen eigenen Milchladen. »Meine Grossmutter stammte aus Rottweil am Neckar, sie war wie meine Mutter eine sehr gefühlsstarke Frau und ausserordentlich geschäftstüchtig.«

Nach dem Besuch der Handelsschule arbeitete Hans Vontobels Mutter bei der damals noch nicht lange bestehenden Schweizerischen Lebensversicherung und Rentenanstalt, heute Swiss Life, als Chefsekretärin. »Sie wohnte an der Siriusstrasse – also auch hier in Fluntern. Um das Tramabonnement zu sparen, ging sie jeweils zu Fuss zur Arbeit«, erzählt der ebenso sparsame Bankier mit anerkennendem Nicken.

Kurhäuser, wie das Hotel Zürichberg, spielen zumindest in den Anfängen der Vontobel-Dynastie eine wesentliche Rolle. Im benachbarten Kurhaus Rigiblick traf Emma Höhn auf den charmanten Jakob Vontobel und 1914 läuteten die Hochzeitsglocken.

Seiner Mutter verdankt Hans Vontobel unter anderem die Liebe zur Oper und zum Theater. »Sie bestand darauf, dass ich unbedingt Richard Wagners Werke kennen müsse. Wenn der Nibelungenring gespielt wurde, brachte sie mich mit einem Schinkensandwich in der Tasche zur Oper. Dort sass ich allein, habe mein Sandwich verdrückt und gewartet, bis die vier Stunden endlich vorbei waren. Das hat mir den Richard Wagner leider ziemlich vergällt ... Andererseits finde ich es wichtig, dass Kinder schon früh in die Welt der Kultur einbezogen werden, und deshalb finanzieren wir aus Stiftungsmitteln den Kindermalwettbewerb des Kunsthauses und Ähnliches.«

Hans Vontobel erzählt gern von seiner Mutter, den Traditionen und Ritualen, den Bräuchen und Rezepten, die seine Kindheit und Jugend prägten. Besonders lebhaft in Erinnerung geblieben ist ihm das Lied »Auf der Schwäbischen Eisenbahn«, das sogar seine Kinder von ihm hören wollten, wenn sie krank im Bett lagen. Und wie zum Beweis intoniert er mit leisem Summen die Zeilen »Auf de' schwäb'che Eisebahne, gibt's gar viel Haltstatione: Schtuagart, Ulm ond Biberach, Meckabeure, Durlesbach ...«

Bis zur Heirat blieb die Mutter berufstätig, danach unterstützte sie den Vater, indem sie nebenbei den Versand von Büchern betrieb. »Ich sehe noch heute den Bücherstapel eines gewissen Graziani. Es war ein Buch auf Französisch über das Wirtschaften im weiteren Sinne. Sobald eine Anfrage von einer Buchhandlung kam, verschickte meine Mutter die entsprechenden Exemplare.«

Allmählich ging es Vater Jakob beruflich immer besser.

»Das sehen Sie auch daran: In den ersten Jahren seiner Ehe ging er jede Woche zum Turnen – in den Männerturnverein. Als Bub durfte ich ihn ab und zu begleiten und wartete auf der Empore, bis die Herren ihre Übungen absolviert hatten. Mit dem wirtschaftlichen Erfolg stiegen seine Ansprüche und er begann Tennis zu spielen, und zwar im Baur-au-Lac-Tennisclub – wie alles, was er machte, sehr intensiv, er wurde gar Präsident dieses Clubs. Später hat er sich ganz dem Golfsport gewidmet, im Golfclub Zumikon.«

Will Mann in Zürich dazugehören, ist es in einigen Kreisen unerlässlich, Mitglied einer alteingesessenen und angesehenen Zunft zu sein. Vater Jakob war ein enthusiastischer Kämbel-Zünfter. Diese Zunft war im 14. Jahrhundert von Gewerbetreibenden und Kaufleuten gegründet worden, um politisch Einfluss zu nehmen.

»Ich wollte auf keinen Fall der Zunft meines Vaters beitreten. So kam es mir gelegen, als ich von der Gesellschaft zur Constaffel angefragt wurde. Erst kürzlich dachte ich aber:

Das muss meinen Vater sehr geschmerzt haben. Ich habe das damals gar nicht realisiert – das kommt erst jetzt.«

Betreten fügt er hinzu: »Das war nicht fein von mir.«

Im Gespräch mit Hans Vontobel hat auch Schweigen seinen Platz. Mit feinen Gesten signalisiert er, wann er eine kurze Pause wünscht.

»Meine Eltern waren lange miteinander verheiratet, sie führten eine sehr enge, aber nicht unbedingt harmonische Ehe. Mein Vater war sehr dominant, meine Mutter sehr emotional – da ist es halt nicht immer rundgelaufen. Aber nach seinem Tod war auch für sie das Leben zu Ende. Sie sass nur noch in ihrer Wohnung, umgeben von seinen Photos. Als ich sie einmal besuchte, sagte sie: ›Ich habe mit ihm gesprochen.‹«

Zwei Jahre nach dem Vater stirbt Emma Vontobel 1978.

»Meine Schwester und mich – wir waren nur zu zweit – hat das sehr mitgenommen.«

»Wer ist Ihrer Mutter denn ähnlicher? Sie oder Ihre Schwester?«

»Meine Schwester sieht meiner Mutter sehr ähnlich. Sie war einmal eine sehr elegante, hübsche Frau. – Sie ist drei Jahre und zwei Tage jünger als ich, und sie hat vier Töchter. Ich glaube, sie wollte immer einen Sohn, aber nach vier Töchtern hat sie aufgegeben.«

Die temperamentvolle kleine Schwester liebte es, den eher verträumten Bruder zu necken, wann immer sich die Gelegenheit bot: »Sie ›zöcklete‹ mich und riss mich an den Haaren, bis ich genug hatte und sie verprügelte. Dann kam meine Mutter und« – sein rechter Arm zischt durch die Luft – »knallte mir eine.«

Ruth Vontobel verlässt die Mittelschule ohne Abschluss und geht für einen Sprachaufenthalt nach England. Zurück in der Schweiz, arbeitet sie für eine Weile als Telefonistin im Familienunternehmen. An einem gesellschaftlichen Anlass lernt sie ihren künftigen Mann kennen. »Ihr Bräutigam war

Schwede, sie verkehrten in Zürich gern und oft mit seinen Landsleuten. Als er für Nestlé nach Stockholm zog, begleitete ihn meine Schwester. Sie lebten dort 43 Jahre.«

»Stehen Sie und Ihre Schwester sich sehr nahe?«

»Sie ist schwer krank und leidet sehr. Ich besuche sie jeden Sonntagabend, sie wohnt ganz in meiner Nähe, vis-à-vis der Kirche Fluntern.«

Wieder zieht sich Hans Vontobel für einen Augenblick in sich zurück.

»Es ist schon interessant. In unserer Familie ging man nicht besonders zärtlich miteinander um. Und nun sagte Ruth vor kurzem zu mir: ›Hans, gib mir en Kuss.‹ Oder: ›Ich han di gern.‹ Das gab es früher nie bei uns zu Hause. Ich antworte dann: ›Ich han di au gern‹, nehme ihre Hand, und das freut sie.«

Seine Stimme wird feiner, die Worte setzt er zögerlicher und bedächtiger. Nach einem tiefen Atemzug fährt er schwungvoll fort: »Jeden Sonntagabend, wenn ich das Haus meiner Schwester verlasse, steht meine Tochter Kathrin mit ihrem Auto bereit, und wir fahren zusammen mit ihrem Mann zum Abendessen. Sie ist diejenige, die ich jeden Abend anrufe und frage, wie es ihr geht «

Kathrin ist das jüngste seiner drei Kinder.

»Eigentlich hätte ich vier –«

Mein verblüffter Gesichtsausdruck entgeht ihm nicht.

»Vor Kathrin kam ein zweiter Sohn, 1952, auf die Welt, der jedoch kurz nach der Geburt starb.«

Hans Vontobel hält einen Moment meinem fragenden Blick stand.

»Eigentlich ist das eine meiner schlechten Eigenschaften: Ich schaue stets nach vorne, ich hafte nicht an Vergangenem. Hier war das anders, mir ging das sehr lange nach. Mein Sohn starb im Sommer, und die Linden blühten. Und jedes Jahr, wenn die Linden blühen, kommt alles wieder hoch.«

Nicht zuletzt diese persönliche Erfahrung führte dazu, dass er 17 Jahre lang die Stiftung Schwesternschule und Krankenhaus vom Roten Kreuz Zürich-Fluntern präsidierte. »Ich lernte dort den Sinn für die richtige Gewichtung vermehrt zu erfassen. Nach einem Tag voller Hektik und Ärger in der Bank bin ich häufig durch die Gänge des Krankenhauses gewandert und habe mich von den Schwestern über ihre oft deprimierenden Fälle, insbesondere von Kindern, orientieren lassen. Meine eigenen geschäftlichen Probleme wurden dabei ganz klein.«

Seine ältere Tochter, Mutter von zwei Mädchen, sieht er eher selten: »Regula ist eine gescheite Frau. Sehr grosszügig, sensibel und sie engagiert sich seit Jahren für die Familie-Vontobel-Stiftung. Sie ist eine eigenwillige Persönlichkeit; als junge Juristin beim Bezirksgericht fand sie, ihr Chef sei faul. Kurzerhand reichte sie eine Beschwerde beim Personalchef ein.« Augenzwinkernd fügt er hinzu: »Ich mag schwierige Menschen; Menschen, die nicht einfach nur zu allem nicken.«

Und schliesslich sein Sohn Hans-Dieter: »Er ist kreativ, ausgesprochen klug, integer und systematisch, aber auch ein sehr sensibler und naturverbundener Mensch. Er hat sich grosse Verdienste beim Ausbau der Bank erworben.« Inzwischen amtet Hans-Dieter Vontobel als Präsident der Vontobel-Stiftung. In dieser Funktion sichert er die Kontinuität der Familienpräsenz im Aktionariat der Vontobel-Gruppe. Seinen Wohnsitz hat er in Frankreich gewählt, wo er Pferde züchtet und als Grossbauer wirkt.

»Ihr Sohn hatte nach dreissig Jahren in der Bank genug, und Sie haben daraufhin die Zügel wieder in die Hände genommen. Haben Sie nie genug?«

Hans Vontobel lässt sich ungewöhnlich lange Zeit. »Ich vollbringe gern etwas, und das kann ich immer in ›meiner‹ Bank. Ich bin täglich neu gefordert, und das macht mir

Spass. Nirgends habe ich so viel mit Menschen zu tun wie in der Bank. Teilweise ist es ein schwieriger Umgang und birgt grosse Enttäuschungen. Das gehört dazu. Aber es fasziniert mich. Was ich brauche, sind Menschen, nicht Zahlen. – Ich habe zunächst gezögert, Ihre Frage zu beantworten, weil mir bewusst wurde: Je älter ich werde, desto mehr frage ich mich, wer von der Familie später den Betrieb übernehmen wird. Und da kann ich nur hoffen.«

»Wie steht es diesbezüglich mit Ihren beiden Enkelinnen, zu denen Sie so guten Kontakt pflegen?«

»Sie sind ganz unterschiedlich. Die Jüngere, Ines, hat im Gymnasium Japanisch gelernt und beherrscht 500 Zeichen. In den Ferien reiste sie immer wieder nach Japan. Nach der Matur lernte sie in China Mandarin; trotz dieser Fähigkeiten studierte sie nicht Sinologie, sondern Betriebswirtschaft und arbeitete nachher bei der UBS. Vor ein paar Monaten hat sie mich angerufen: ›Papi-Hans‹ – für meine Enkelinnen bin ich Papi-Hans, ich bin nicht der Grossvater –, ›Papi-Hans, ich habe genug von Zahlen. Ich will mit Menschen zu tun haben und mache jetzt eine vierjährige Ausbildung zur Physiotherapeutin.‹«

Enkelin Maja ist Juristin. Sie studierte in Zürich, wo sie auch das Anwaltspatent und den Doktortitel erwarb. Danach erlangte sie an der New York University den Master in internationalem Recht. Inzwischen arbeitet sie in einer der grössten Zürcher Kanzleien. »Ohne dass ich sie je gefragt habe, sagte sie nach ihrem Studium ganz spontan zu mir: ›Papi-Hans, zu dir komme ich nicht.‹«

Bisher haben vier Nachkommen seiner Schwester Ruth den Weg als Mitarbeiter in die Familienbank gefunden.

»Kürzlich nahm ich eine Grossnichte, die bei uns arbeitet, mit nach Budapest. Dort sprach ich an der Universität. Im Anschluss an das Referat durften die Studenten Fragen stellen. Eine lautete, ob die Grossnichte nun in die Geschäftsleitung eintrete. Meine Antwort: ›Erstens ist das ihr freier Wille, ob sie überhaupt in der Bank bleiben will. Zweitens zählt bei uns nicht der Name, sondern das, was jemand ist. Und ob sie jemand ist, das wird sich zeigen.‹ Der ganze Saal hat applaudiert, das ist scheinbar nicht selbstverständlich. – Alle sind entwicklungsfähig. Ich mache mir aber auch intensive Gedanken darüber, wie es sich auf die Familienharmonie auswirkt, wenn sich A bewährt und B nicht, das beschäftigt mich sehr.«

Hans Vontobel gibt dem Kellner ein Zeichen, er möchte zahlen. »So, und nun schaue ich nach meiner Haushälterin.«

Zu Hause, das heisst für ihn immer noch Fluntern. »Ich habe mich immer als Schweizer empfunden und meine Pflichten wahrgenommen. Dazu gehörte es und gehört es nach wie vor, dass ich als Zürcher Bürger in dieser Stadt wohne und keine steuerlichen Vorteile suche, indem ich in eine steuergünstige Gemeinde übersiedle. Ich bin in Zürich geboren, ich lebe in Zürich und in Zürich zahle ich meine Steuern.«

In seinem geliebten Quartier erwarb sein Vater in den 1940er Jahren eine Liegenschaft, in der Hans Vontobel die zweitunterste Wohnung bewohnt. »Zuoberst lebt meine Haushälterin, darunter die österreichische Generalkonsulin und unter ihr wohne ich. In die unterste Wohnung, in der während langer Zeit der bekannte zeitgenössische Maler Karel Appel wohnte, ist nun meine ältere Enkelin mit ihrem Ehemann eingezogen.«

»Die Enkelin, die vielleicht doch einmal Ihre Nachfolge antritt?«

Hans Vontobel lächelt verlegen: »Vielleicht kommt sie einmal, wer weiss.«

Der Kellner bringt die Rechnung. Hans Vontobel streckt ihm eine Note entgegen und kramt in seinem schmalen schwarzen Portemonnaie nach Kleingeld. »Heute Abend werde ich im Buch von Arnold Hottinger über die islamischen Länder weiterlesen; es ist gut, aber furchtbar trocken. Übrigens: Zwei Bücher, die ich gelesen habe, sind ›Drachenläufer‹

und ›Tausend strahlende Sonnen‹ von Khaled Hosseini. Mit dem zweiten konnte ich nicht so viel anfangen.«

Mit einem kräftigen Ruck hievt sich Hans Vontobel aus dem tiefen, schwarzen Ledersessel. Im grauen Anzug und rosa Hemd steht er kerzengerade da und geniesst sichtlich den Blick über die Stadt Zürich.

»Morgen um 7.45 Uhr werde ich vom Chauffeur abgeholt. Wir fahren an die Landestagung des Bayerischen Volkshochschulverbandes in der Nähe von München. Dort halte ich ein Referat zum Thema ›Lebenslanges Lernen als Lebenselixier‹. Nach der Tagung bin ich zum Abendessen mit Unterhaltungsprogramm eingeladen. Die Organisatoren wollten, dass ich in München übernachte, aber das habe ich abgelehnt. Wir fahren nachts zurück nach Zürich. Das ist keine besondere Leistung von mir, denn ich habe ja einen Chauffeur. Ich schlafe bis Zürich, ich kann in der Regel überall schlafen: Im Flugzeug, im Auto; ich steige ein und schlafe.«

»Ein ansehnliches Programm ...«

Herr Vontobel winkt ab: »Ich habe immer ein grosses Programm.«

SCHAUPLATZ — 05

»Wer schnell zu Reichtum kommt, verliert ihn auch schnell wieder«

Börse, Geld und Medien: Warum es sie braucht, wann sie gefährlich sind und wie ein sinnvoller Umgang damit möglich ist. Und nicht zuletzt: ein Abend mit 100 Frauen

Post erledigt, Zeitungen gelesen, Sitzungen abgehalten – Hans Vontobels Programm am heutigen Junimorgen. Um 14.15 Uhr sein nächster Termin: Wir treffen uns an der Ecke Bleicherweg/Talstrasse, um einem der wichtigsten Schauplätze im Leben des Privatbankiers einen nostalgisch geprägten Besuch abzustatten. Unweit des Paradeplatzes steht die sogenannte Alte Börse, die mich rein architektonisch an den schiefen Turm von Pisa erinnert. Nach wie vor prangt in grossen Lettern B O E R S E an der Fassade. 1993 verliess die Schweizer Börse diesen Standort und machte Platz für den Club El Cubanito. Doch anfangs 2008 wurde der Latin-Tanz-Palast über Nacht geschlossen, weil die feuerpolizeilichen Vorschriften nicht eingehalten wurden.

Zusammengeknüllte Getränkepackungen, leere Gläser auf den kleinen Tischen und die ziemlich ramponierte Tanzbühne lassen vermuten, dass die letzte Party lebendig und laut gewesen sein muss. So laut, wie es wohl jeweils an den Aktienringen zu- und herging.

Wir nehmen den Lift ins oberste Stockwerk. Der Hauswart öffnet ausnahmsweise – nur für uns und nur dieses eine Mal – die Tür.

»Bitte erschrecken Sie nicht«, warne ich vor dem tristen Anblick.

»Ach, in diesem Saal habe ich schon so viel erlebt.«

Scheint die Sonne, wird es in dieser riesigen Halle mit Glasdach drückend heiss. Nicht so heute – es regnet. Ungeachtet des Schmutzes und der Unordnung schreitet Hans Vontobel zielstrebig durch den Raum. Als wäre es erst gestern gewesen und nicht schon mehr als ein Vierteljahrhundert her, dass er hier mitten im Getümmel stand, deutet er mit dem Regenschirm auf die kreisförmige Bar: »Hier befand sich der Aktienring. Es gab immer mindestens zwei Ringe. Da vorne war der Obligationenring.« Er atmet kurz durch, dreht sich musternd um 360 Grad: »Wo wollen wir uns setzen?«

Ich weise auf die grosse, verstaubte Tanzfläche vor uns, wo der hilfsbereite Hauswart auf meine Bitte hin einen kleinen Tisch und zwei Stühle hingestellt hat.

»Schön.«

Hans Vontobel schlüpft aus seinem Mantel, drapiert ihn auf die mit rotem Samt bezogene Eckbank: »Von der Galerie da oben beobachteten Besucher – meistens Schüler – den Börsenhandel. Es gab aber keine Verbindungstreppe wie jetzt; wollte man nach oben, musste man einen anderen Weg wählen.«

Wir nehmen Platz, diesmal in vertauschten Rollen. Leider habe ich meinem Gast ausser einem Glas Wasser nichts anzubieten.

»Ich hatte mir überlegt, einen Screwdriver für Sie mitzunehmen ...«

»Den gönnen wir uns nachher.«

Interessiert beäugt Hans Vontobel den Saal, in dem er viele Jahre das Geschehen massgeblich beeinflusste. Die schmuddelige Umgebung scheint ihm nichts auszumachen.

»Das ist im ganzen Leben so, alles ändert sich, das ist doch normal«, kommentiert er locker. Und schon dreht er sich um und zeigt auf die schwarzen, dünnen, eingebauten Wände hinter sich. »Hinter diesen Wänden befanden sich die sogenannten Börsenzimmer, eines neben dem andern. Jede Bank an der Börse, man nannte sie Ringbanken, hatte entweder Kabinen oder ein solches Börsenzimmer. Unseres war das zweitletzte da hinten.«

»Erinnern Sie sich noch daran, wann Sie das erste Mal hier waren?«

Der Bankier muss keine Sekunde überlegen: »1936, und zwar zufällig an jenem Tag, als darüber diskutiert wurde, ob der Schweizer Franken abgewertet werden soll. Der Bundesrat tagte nahezu ununterbrochen während zwei Tagen, nachdem Frankreich den französischen Franc bereits abgewertet hatte. Man muss bedenken: Die Schweiz zählte damals über 120 000 Arbeitslose, die Exportwirtschaft wie der Tourismus litten gewaltig unter dem starken Franken und hofften auf eine Abwertung. Der Direktoriumspräsident der Schweizerischen Nationalbank, Gottlieb Bachmann, sowie andere Gegner der Abwertung befürchteten einen Vertrauensverlust in die Währung. Und dann entschied sich der Bundesrat, unter der Federführung von Hermann Obrecht und Rudolf Minger, soweit ich mich erinnere, für eine Abwertung um 30 Prozent! – Als plötzlich die Hupe erklang, fragte sich jeder, warum der Handel unterbrochen wurde. Alle strömten aus den Börsenzimmern, um mitzubekommen, was sich am Ring tat.«

Besagte Hupe um 13 Uhr kündigte die offizielle Entscheidung des Bundesrats über die Abwertung an. »Noch zwei Stunden zuvor« – beschreibt Hans Vontobel diesen für ihn so eindrücklichen Moment – »hatte es ein Dementi gegeben, und dann diese Meldung.«

Für die wirtschaftliche Entwicklung entpuppte sich die Abwertung als Segen – eine kurze Atempause, bevor das Wirtschaftswachstum definitiv durch den Zweiten Weltkrieg gestoppt wurde. Auch Hans Vontobels Vater Jakob profitierte von der staatlichen Währungsintervention. Erst zwei oder drei Monate zuvor hatte er die Börsenagentur Haeberli & Cie. übernommen und seinem Studentenfilius von dieser aufregenden Umgebung am Familientisch erzählt. Und manchmal liess er Sohn Hans unter irgendwelchen Vorwänden an den Bleicherweg kommen, wohl damit der Junior früh genug Börsenluft schnuppere, allerdings ohne ihn auf die Umgangsformen vorzubereiten: »Plötzlich öffnete sich die Tür eines Börsenzimmers, ein Lehrling rannte raus, verfolgt von einem älteren, beleibten Börsianer, der ihm einen kräftigen Tritt in den Hintern versetzte. Oder ich wurde Zeuge, wie ein Mitglied des Börsenvorstands einem Händler mit der Ausweisung aus dem Börsenlokal drohte, weil er in der Hitze seine Jacke ausgezogen hatte und keine Krawatte trug. Das waren meine ersten optischen Erlebnisse. – Und als ich sah, wie die Händler tobten und herumbrüllten, sagte ich in meiner gelegentlich spontanen Art: ›Die sind ja alle verrückt.‹ Ich hätte mir im Traum nicht vorstellen können, dass ich einmal Präsident dieser ›Verrückten‹ werden würde.«

Sieben Jahre nach diesen bemerkenswerten Eindrücken und mit dem Hochschulabschluss in der Tasche begann Dr. iur. Hans Vontobel in der Bank und war von da an fast jeden Tag in dieser Manege anzutreffen. »Ich war aber nie Ringhändler, ich sass hinten im Börsen- oder Telefonzimmer am grossen langgestreckten Tisch, auf beiden Seiten Telefonapparate. Ich gehörte zu den sechs bis acht Telefonisten, die den Kontakt nach aussen mit den Kunden pflegten. Wir haben ihnen den gehandelten Kurs der verschiedenen Titel mitgeteilt und Aufträge reingeholt. Zum Teil waren dies sehr eintönige Arbeiten, vor allem, wenn an der Börse wenig los war.«

Sich nicht entmutigen zu lassen – eine seiner hervorstechenden Eigenschaften – kam ihm schon damals zu Hilfe.

»Morgens griff ich zum Hörer und informierte mögliche Kunden: ›Der Handel hat vor einer Viertelstunde begonnen, die ersten Kurse sehen freundlich aus, wenn ich Ihnen ein paar Kurse geben darf‹ etc.« Hans Vontobel greift auch jetzt zu einem imaginären Telefonapparat. »Je nachdem, wie gut ich den Ton traf und wie geschickt ich war, ging das Gespräch weiter. Einen Unternehmer, den ich während drei Jahren jeden Tag angerufen hatte, habe ich auf diese Art endlich gewonnen. Schliesslich wurde er Kunde, und zwar ein grosser. Meine Hartnäckigkeit hat mir im Leben eben immer wieder geholfen. Die Kehrseite der Medaille nennt sich jedoch Sturheit ...«

Zurück zum Geschehen im grossen Börsensaal. Die Aufträge wurden auf Französisch erteilt, ein Relikt aus den Anfängen der Schweizer Börsengeschichte, die 1850 in Genf begann und beeinflusst wurde von den Gepflogenheiten der damals führenden Börse in Kontinentaleuropa, jener in Paris.

»Man sagte, ›acheter so und so viel‹ oder ›vendre so und so viel‹.«

Damit ihnen nichts entging, entwickelten Hans Vontobel und sein Team das legendäre »Vontobel-Kursblatt« – eine Art Protokoll, das von Hand auf Spritmatrizen notiert wurde und alle bezahlten Kurse enthielt. Die Zürcher Banken nutzten dies bis 1988 und waren froh um das Dokument, weil es während der nachmittäglichen Arbeitszeit zugänglich war, während das offizielle Kursblatt erst in den Abendstunden herauskam.

Der Vontobel-Service fand auch in der Öffentlichkeit seinen Widerhall: Die Bank publizierte ab 1950 Börsenberichte im Abendblatt der »Neuen Zürcher Zeitung«. »Täglich um 13.45 Uhr musste der Kurs des betreffenden Tages und ein Kommentar über das Börsengeschehen an der Falkenstrasse eintreffen. Das war aufwendig und verursachte viel Hektik, zugleich war es aber sehr gute Reklame für uns. Während dreissig Jahren haben meine Börsianer und ich das getan.«

Nicht unbedingt zur Freude der Kollegen.

»Ich vergesse nie einen bestimmten Nachmittag, als der Anruf des Verwaltungsratspräsidenten einer Grossbank zu mir durchgestellt wurde. Er habe gelesen, dass seine Aktienkurse an der Börse ›abbröckelten‹ und beschwerte sich: ›Ich teile Ihnen ein für alle Mal mit, dass meine Kurse nicht abbröckeln.‹ Und das von einem Verwaltungsratspräsidenten!«

»Wie haben Sie darauf reagiert?«

»Höflich, er war ja der Verwaltungsratspräsident. Ich antwortete, dass ich seine Behauptung zur Kenntnis nehme, und habe selbstverständlich weiterhin so geschrieben, wie ich es für korrekt erachtete.«

Sein Gesichtsausdruck lässt keinen Zweifel darüber aufkommen, wie die folgenden Berichte ausgesehen haben.

Das Börsengeschehen begann jeweils zwischen 10 und 11 Uhr.

»Die Händler trafen sich am Morgen zum Kaffee im Restaurant Mövenpick oder in der Confiserie Sprüngli am Paradeplatz und besprachen Transaktionen, diskutierten Aktien und Unternehmen – heute machen das Analysten. Um 9.45 Uhr startete die sogenannte Obligationen-Vorbörse, um 10 Uhr die Obligationenbörse und mit einer zeitlichen Verzögerung, um 10.30 Uhr oder 11 Uhr, der Handel am Aktienring. Man durfte nicht von Anfang an alle Papiere handeln. Der Börsenschreiber in der Mitte verlas jeweils aufgrund des Kursblattes die Namen der einzelnen Papiere. Erst wenn ein Papier aufgerufen wurde, durfte es gehandelt werden, und dann während der ganzen Börsendauer. Spätestens um 13 Uhr schloss die Börse normalerweise – die Sitzung wurde abgeläutet –, denn es waren viel weniger Titel als heute im Umlauf. Die Händler verglichen untereinander nochmals die Positionen, in der damaligen Fachsprache hiess das: sie punktierten. Anschliessend nahm man eine Kleinigkeit zu sich, ging zurück zur Bank und gab dort die Zettel ab. Es musste immer am gleichen Tag abgerechnet werden, was sehr aufwendig war, denn es wurde bis Anfang der 1970er Jahre von Hand erledigt. Hinterher gingen die Händler etwas trinken, das gehörte zum Ritual, zum Beispiel in der Rebe 1 am Paradeplatz. Erst spätabends kehrten sie dann mit hochrotem Kopf nach Hause zurück.«

Der Börsianer galt als ein Angehöriger eines höheren Standes. »Ein paar ältere Börsianer benahmen sich wie ungekrönte Könige. Wenn so einer zu spät erschien und einer der jüngeren Händler schon am Ring stand, schob der ›König‹ diesen mit souveräner Geste zur Seite und übernahm umgehend das Zepter.«

»Wie wurde man eigentlich Mitglied dieses edlen Standes – eine konkrete Ausbildung mit allem Drum und Dran wird es ja wohl nicht gegeben haben?«

»Hatte man den Eindruck, ein Lehrling sei besonders vif und lebhaft, dann hat man ihn auch in diesem Bereich eingesetzt. Zuerst wurde er einem erfahrenen Börsianer zugeteilt und stand hinter dem ovalen Pult, vor ihm der gestikulierende Händler. Der Junge musste höllisch aufpassen und die Kurse seines Händlers über die interne Leitung zu uns ins Börsenzimmer durchgeben. Hie und da täuschte man sich aber auch. Wir hatten einmal einen Berner Lehrling, der auf meine Frage, wie die Kurse an jenem Tag stünden, antwortete: ›Sie si gäng glich‹«, imitiert Hans Vontobel den glücklosen Aspiranten. »Später musste man – um den Ring zu machen – eine Prüfung ablegen, das haben wir vom Zürcher Effektenverein eingeführt.«

»Hoch im Kurs« standen zu dieser Zeit Papiere der BBC (heute ABB), Sulzer sowie der Schweizerischen Lokomotiv- und Maschinenfabrik Winterthur. Auch die Chemischen wie Geigy, Sandoz, Ciba waren bei den Händlern beliebt; Schweizerhalle war damals nur in Basel kotiert. Nicht zu vergessen die Schweizerische Kreditanstalt oder die Bankgesellschaft;

Letztere war aus dem Zusammenschluss der Toggenburger Bank und der Bank in Winterthur hervorgegangen. »Sie sehen, bei den Banken war ständig alles in Bewegung.«

Hans Vontobel erinnert daran, dass viele der für uns traditionellen Unternehmen der verschiedensten Branchen das Ergebnis von Zusammenschlüssen waren und dabei oft ausländisches, vorwiegend deutsches, Kapital in die Schweiz floss. »Da kam ein Deutscher mit einem Schweizer zusammen, und sie gründeten eine Konservenfabrik. Der Deutsche hiess Henckell und der Schweizer Roth. Deshalb nannten sie ihre Firma Hero.«

Immer mehr Papiere wurden an der Zürcher Effektenbörse gehandelt, und allmählich musste sie ihren Betrieb ausdehnen. An dieser stetig wachsenden Bedeutung des Zürcher Finanzplatzes war Hans Vontobel massgeblich beteiligt. »Um 1961 sassen im Börsenvorstand lauter angegraute ältere Herren. Irgendwann haben sie beschlossen, den Vorstand zu verjüngen. Und dann hat man mich aus Gründen, die ich nicht kenne, angefragt, ob ich bereit sei, in den Vorstand zu kommen. Ich habe zugesagt und ging an die erste Sitzung. Diese fand im Zimmer da hinten statt.« Er schaut auf die Seite und zeigt Richtung Ausgang. »Die Sitzung hätte beginnen sollen, doch der Präsident war noch nicht da, und so eröffnete der Vize. In diesem Moment ging die Tür auf und der Ausläufer der Bank des Präsidenten überbrachte einen Brief. Darin hiess es: ›Der Präsident gibt seinen Rücktritt bekannt.‹ Er musste bei der Bank gehen, wo er Direktor war, also konnte er nicht mehr Börsenpräsident bleiben.«

Und weil es Usus war, dass dieses Amt kein Grossbankier innehaben durfte, denn keiner von den Grossbanken wollte das, musste es ein Dritter übernehmen.

»Ja«, Hans Vontobel schmunzelt, »und so wurde ich Präsident der Börse.«

Während Europas Finanzplätze unter den Nachwehen des Zweiten Weltkriegs litten, galt die Zürcher Effektenbörse als die führende Börse Kontinentaleuropas. Man spürt einen gewissen Stolz, wenn Hans Vontobel ausholt und erzählt, dass die Zürcher Börse von Anfang an auch »etwas Internationales und Exotisches« hatte, was die Titel betraf und hier nicht nur schweizerische Werte gehandelt wurden. »Wir hatten schon ein paar Eisenbahnaktien aus den USA, das waren Baltimore & Ohio, Pennsylvania Railroad und nach ein paar Jahren kam noch Chesapeake. Und wir hatten eine Auslandbank, nämlich die American Express, die damals noch ein Finanz- und Reisedienstleister war.«

Über die Chefs der grossen, vor allem amerikanischen Banken äussert er sich nur knapp: »Wahrscheinlich waren sie gute Teamplayer.« Ihre intellektuellen Fähigkeiten spricht er nicht an.

Für den jungen Privatbankier bedeutete das Präsidium eine interessante Tätigkeit, aber auch eine mit vielen Problemen. »Ich hatte den Ehrgeiz, unsere Stellung auszubauen, damit die andern uns nicht so schnell einholen. Deshalb war ich immer aufgeschlossen gegenüber Änderungen und Kotierungen weiterer Papiere. Bei der Zulassung von Wertpapieren jedoch – tja, da spielte oft das Menschliche eine nicht zu unterschätzende Rolle. Jemand, der mit der Börse verbunden war und einen gewichtigen Einfluss hatte, konnte sagen, er habe einen schlechten Eindruck von diesem und jenem Unternehmen, wir sollten dies bei einer möglichen Kotierung berücksichtigen.«

Eine spezielle Herausforderung stellte die Aufnahme von japanischen Wertpapieren dar. »In den 1960er Jahren bekam die japanische Wirtschaft für uns allmählich Konturen. Deshalb wollte ich ihre Aktien auch an der Börse offiziell einführen. Es klappte schliesslich, aber ich hatte einige Schwierigkeiten.«

»Was heisst das konkret?«

»Sie können sich nicht vorstellen, welche Vorurteile damals in der Schweiz herrschten. Da hiess es: Ah, die Japaner mit den Schlitzaugen ... bei denen weiss man nie.« Hans Vontobel zückt Zeige- und Mittelfinger beider Hände und legt sie bezeichnenderweise an die Schläfen.

Menschliches, allzu Menschliches ...

Mit Anerkennung hingegen erwähnt Hans Vontobel noch heute die guten Gespräche im Börsenvorstand. Erlebte er die Grossbanken als Privatbankier eher bremsend, so schätzte er sie im Börsenvorstand dafür, dass sie in dieser Funktion ihre Machtstellung nicht missbrauchten. »Und wenn die Ansichten kontrovers waren, habe ich jeweils vor der Sitzung mit den Oppositionellen diskutiert. So habe ich immer einstimmige Beschlüsse erreicht.« Sein konsensorientierter Führungsstil fruchtete auch bei dominanten Persönlichkeiten wie seinem langjährigen Vize Richard Schait oder Bruno M. Saager, beide von der Schweizerischen Bankgesellschaft, die sich wie Vontobel unermüdlich für die Erweiterung und Automatisierung der Börse einsetzten.

Überraschend war für den jungen Börsenpräsidenten und Privatbankier, dass nicht die Bank A gegen die Bank B kämpfte, sondern die Börse Zürich gegen die Börse Basel. »Oder konkreter gesagt: Schweizerischer Bankverein Zürich gegen Schweizerischer Bankverein Basel. Die Herren in Basel mochten die Herren in Zürich nicht. Das würde man nicht für möglich halten, wie diese gegeneinander gearbeitet haben.« 1969 kam es gar zu einem journalistischen Schlagabtausch über die Vorherrschaft unter den helvetischen Börsenplätzen. Auslöser war eine von der Stadt Zürich initiierte Veranstaltungsreihe zum Thema »Zürich auf dem Weg zur Metropole« sowie ein »NZZ«-Artikel des Zürcher Börsenpräsidenten, den ein Basler Stadtrat als »bewusste Verniedlichung der Bedeutung der Basler Börse« verstand. Die »Finanz und Wirtschaft« titelte: ›Zürich-Basel 1:0‹, wie das Buch »Der Helvetische Big Bang« zu berichten weiss.

Nicht wesentlich anders als heutzutage, schiesst es mir durch den Kopf. Der Regen prasselt stärker auf das Dach, und obwohl Generationen von Spinnen kunstvolle Netze in den Ecken gewoben haben, wird die Stimmung immer gemütlicher, um nicht zu sagen heimelig.

Im Gegensatz zu heute existierten ursprünglich in der Schweiz diverse kantonale und lokale Handelsplätze wie Chur, Luzern und Fribourg. Man sprach in der Regel von den vier kleinen Börsen in Bern, Lausanne, Neuenburg und St. Gallen, und den drei grossen in Zürich, Basel und Genf. Als 1938 die Schaffung eines nationalen Börsengesetzes zur Diskussion stand, gründeten daraufhin die sieben Grössten die Vereinigung Schweizer Effektenbörsen.

»In der Genfer Börse habe ich als junger Mann auch einmal gearbeitet«, erinnert sich Hans Vontobel.

Genf entwickelte sich schon früh zur bevorzugten Messestadt, als sich nach dem Hundertjährigen Krieg (1337–1453) die Handelsrouten und Messen von der französischen Champagne nach Osten verschoben. Die Medici eröffneten 1420 in Genf eine Geschäftsstelle, ein Dutzend weiterer florentinischer Banken folgten. Mit dem Basler Konzil im 15. Jahrhundert liessen sich die Medici dort nieder, woraufhin der Handelsplatz an der Stadt am Rheinknie entstand.

Unser Gespräch an diesem für ihn so wichtigen Ort ruft bei Hans Vontobel auch Erinnerungen an Widerstände und Widersacher wach. »Wir waren gutachterisch tätig für den Regierungsrat. Wollte eine Bank mit Wertschriften handeln, musste sie eine Bewilligung der Volkswirtschaftsdirektion erhalten. Diese holte unter anderem beim Börsenvorstand ein Gutachten ein. Ich glaube, wir haben uns immer um eine faire und neutrale Stellungnahme bemüht, unabhängig davon, dass eine neue Konkurrenz entstehen könnte. Unverständlich deshalb, dass der damalige Volkswirtschaftsdirektor einer Bank die Bewilligung erteilte, obwohl der Börsenvorstand über diese Bank ein negatives Zeugnis ausgestellt hatte. Ein paar Monate später ist sie Konkurs gegangen, und wir haben uns erlaubt, gegenüber dem gesamten Regierungsrat in einem Brief festzuhalten, dass wir auf die ungenügende Qualität der Bank hingewiesen hatten.«

Die Reaktion des Regierungsrates erfolgte ebenfalls schriftlich, und zwar mit dem Vorwurf, dass der Vorstand von Anfang an den gesamten Regierungsrat hätte benachrichtigen müssen. »Und zweitens gab es in den folgenden Monaten bei den Banken unserer Vorstandsmitglieder schlagartig Untersuchungen, ob sie sich Verstössen gegen das Börsenreglement schuldig gemacht hätten. Es war alles in Ordnung, sie haben einfach eine Retourkutsche probiert«, sagt Hans Vontobel hörbar verärgert. »Das ist etwas, das mich bis heute begleitet, wie Behörden zum Teil auf eine kindische, unfaire Art probieren, es einem heimzuzahlen.«

Noch härter prallten die Köpfe aufeinander, als es darum ging, eine neue Börse zu bauen. Die Zahl der gehandelten Obligationen und Aktien hatte sich von 1960 bis 1974 auf nahezu 3000 erhöht, also fast verdreifacht. »Die Börse, dieser Raum hier, war viel zu klein und die sanitären Einrichtungen genügten bei weitem nicht mehr. Wir reichten ein begründetes Gesuch ein und die Volkswirtschaftsdirektion des Kantons Zürich stellte uns einen Projektkredit für eine neue Börse in Aussicht. Kurz darauf bekamen wir eine Einladung ins Kaspar-Escher-Haus. Der Volkswirtschaftsdirektor bedauerte, uns mitteilen zu müssen, dass der Kanton kein Geld für einen Projektkredit gebe. Die Börse sei beim Volk nicht beliebt. Er wolle nicht wegen einer solchen Sache in der Presse herumgeschleift werden. Da wurde ich wütend und gab zurück: ›Der Zustand der Zürcher Börse, die international anerkannt und tätig ist, die Zustände dieser Börse sind lamentabel, sie platzt aus allen Nähten und die sanitären Verhältnisse sind katastrophal. Wenn in der Öffentlichkeit bekannt wird, dass nichts passiert und Sie den Projektkredit verweigern, dann kommen Sie, Herr Regierungsrat, auch in die Zeitung. Aber in die Fasnachtszeitung.‹ Das war nicht besonders klug.«

Die Situation konnte entschärft werden, indem man miteinander essen ging.

»So läuft es halt«, kommentiert Hans Vontobel.

Es sollten allerdings mehr als zwanzig Jahre verstreichen, bis es endlich so weit war: Erst 1993 zog die Börse in das neue Gebäude an der Selnaustrasse.

»Für die Schweizer Börse war das ein Meilenstein, denn mit dem Umzug wurde auch das einst für alle Ewigkeit eingeführte System ›à la criée‹ hinfällig.«

Die Elektronik hielt Einzug, das Zeitalter der »Verrückten« war eindeutig abgelaufen: »Man musste sich bis dahin ja über den Ring die Preise zurufen. Wenn man sich gefunden hatte, schrie man dem Börsenschreiber zu, dass dieser oder jener Kurs bezahlt sei. Die Gefahr dabei: Man machte einen ›Cours Collé‹ – das ist der sogenannte eingeklebte Kurs, wenn der Händler im Getümmel dem Börsenschreiber einen Kurs zurief, den er für ein Papier wollte, der aber nicht unbedingt der korrekt ausgehandelte war. Damit dieser ›Cours Collé‹ nicht zu oft vorkam, brauchte es zwei Aufsichtspersonen: eine von der Berufsorganisation, also vom Börsenvorstand, und ein Börsenkommissär, der den Kanton und den Staat vertrat.«

Die zunehmenden technischen Entwicklungen mündeten in die Entstehung der Schweizer Börse – ein Zusammenschluss von Zürich, Basel und Genf – und führten zur Schliessung der Handelsplätze Lausanne, St. Gallen und Neuenburg. Einzig Bern verwandelte sich in eine Telefonbörse und existiert bis heute als elektronische Handelsplattform auf Internetbasis.

Eine weitere technische Veränderung, deren Einführung für Hans Vontobel mit weniger Schwierigkeiten verbunden war, bedeutet die elektronische Umstellung der ›Loserei‹.

»Wenn früher mehrere Händler dasselbe Papier zum gleichen Preis wollten und es nur einen kleinen Posten gab, der nicht aufgeteilt werden konnte, entschied das Los. Ein junger Börsianer nahm die Zettel mit den Namen dieser Banken in die Hand, der Verkäufer zog – was natürlich zu Schummeleien führte. Die Kunst bestand darin, die Zettel so hinzuhalten, dass derjenige gezogen wurde, den man wollte.«

Kleine Gaunereien, die dem so korrekten Gentleman-Bankier offensichtlich nicht entgingen. Dennoch fühlte er sich in dem »Haufen der Verrückten« ausgesprochen wohl.

»Sie haben es doch sehr lange in diesem Grüppchen als Präsident ausgehalten.«

»Ich weiss es nicht mehr recht, siebzehn Jahre oder so.«

Nun: Korrekt waren es dreizehn Jahre, und zwar von 1961 bis 1974.

»Aber ich hatte drei Vorgänger, die alle gehen mussten.«

»Nicht unbedingt die beste Voraussetzung, um diesen Posten zu übernehmen. Was hat man Ihren Vorgängern vorgeworfen?«

»Einer musste gehen, weil er mit seiner Bank vor dem Ausbruch des Zweiten Weltkriegs eine Tochtergesellschaft in New York aufbaute und Kundengelder dorthin verlagerte. Das wurde damals in gewissen Kreisen als Landesverrat betrachtet. Ein Zweiter hatte die sogenannte Eingabe der 200 unterschrieben. Das war ein Brief an den Bundesrat in der zweiten Kriegshälfte, der auch veröffentlicht wurde. Darin forderten gegen 200 bekannte Persönlichkeiten, dass der Bundesrat die Freundschaft mit Deutschland und Italien nicht aufs Spiel setzen sollte. Diese Forderung wurde sehr übel aufgenommen. Dummerweise war einer der Unterzeichner der Börsenpräsident ...« Und der Dritte, Vontobels unmittelbarer Vorgänger, gab das Börsenpräsidium ab, weil er die Bank verlassen musste. »Diese Bank war sehr personenbezogen geführt worden, der Chef muss ein schwieriger Mann gewesen sein, und mein Vorgänger hatte sich mit ihm überworfen.«

Hans Vontobels Abgang erfolgte in aller Stille. Bei der letzten Sitzung teilte er unter Varia mit, nun sei es nach so vielen Jahren genug: »Es tauchte die typische Frage auf, was passiert sei. Darauf antwortete ich: ›Es ist nichts passiert, wenn etwas passiert wäre, würde ich nicht gehen.‹«

»Gemäss dem Motto ›Wenn es am schönsten ist, sollte man das Fest verlassen?‹, oder gab es andere Gründe, dieses Amt aufzugeben?«

»Nun, ich war immer der Ansicht, man solle alles im Leben nur eine gewisse Zeit machen. Zudem hatte ich in diesen Jahren viele weitere Aufgaben wie beispielsweise das Präsidium der Handelskammer Deutschland-Schweiz, ich war im Vorstand der Schweizerischen Privatbankier-Vereinigung und ich kam aufgrund meiner Funktion als Börsenpräsident als erster Zürcher Privatbankier in den Dachverband der Schweizer Banken, die Schweizerische Bankiervereinigung. Die waren so was von traditionell, da durften nur ein Genfer und ein Basler dabei sein, und nun kam ich dazu.«

Der Stolz über diese Berufung ist auch jetzt noch zu hören. Bei all diesen Aufgaben setzte sich Hans Vontobel dezidiert für die Eigenständigkeit und das Renommee der Privatbanken ein und versuchte, sie aus dem übermächtigen Schatten der Grossbanken herauszulösen. Zudem lag ihm die internationale Bedeutung des Finanzplatzes Schweiz am Herzen. Doch der unermüdliche Einsatz forderte seinen Preis: »Während Monaten hatte ich keine Freizeit und kein einziges freies Wochenende. Deshalb habe ich nach so vielen Jahren das Mandat als Börsenpräsident abgegeben.«

13 Jahre, täglich von Spekulanten und Händlern umgeben, rasante Gewinne und gewaltige Verluste, Nonstop-Hektik und ohrenbetäubender Lärm. Wie kommt man damit zurecht?

»Ich hatte bei alldem nie das Gefühl von Bedrängnis, das kenne ich überhaupt nicht. Bei einem Kurssturz zum Beispiel war es wichtig, dass der Präsident vom ersten Moment des Handels anwesend war. Ich musste mich nur zeigen. Ich war immer ruhig, habe gelacht, die Leute haben auf mich geschaut und dann hat sich das übertragen. Das ist die psychologische Wirkung. Ich bin wohl sehr robust konstituiert.«

Genauso managte er den Börsensturz im Frühling 1962. Nicht gefragt hingegen waren die psychologischen Fähigkeiten des dynamischen Börsenpräsidenten bei der Ölkrise von 1973, die er angekündigt hatte. Im Auftrag des Bundes leitete er eine Studie, die untersuchte, wie es mit der Energieversorgung der Schweiz im Fall einer Ölkrise stehe. »Wir kamen zu ganz drastischen Resultaten. Ein paar Monate, nachdem wir die Studie eingereicht hatten, liess man mich kommen. Es sei eine sehr gute Studie, hiess es, aber es sei dramatisch, was wir geschrieben hätten. Das dürfe man dem Volk nicht mitteilen. Und so wurde die Studie versenkt. Ein paar Jahre später ist das skizzierte Szenario jedoch eingetreten.«

Einige Menschen verfallen der Börse, sie verfallen dem Geld. Nicht so Hans Vontobel, ihn lässt es kalt, dass Player in der Finanzbranche ihr Vermögen scheinbar mühelos ins Unermessliche steigern. »Meine Erfahrung lehrt mich: Wer schnell zu Reichtum kommt, verliert ihn auch schnell wieder. Ich habe diesbezüglich so viele menschliche Tragödien erlebt. – Entscheidend ist, wie der Reichtum zustande kommt und wie er ausgegeben wird.«

Mit diesem Statement wendet sich Hans Vontobel besonders an Börsianer und Bankiers. »Viele erwiesen sich in ihrem Spezialgebiet zwar als Topshots, aber sie hatten auch oft keinerlei andere Interessen. Wenn etwas an der Börse passierte oder ihre aktive Zeit abgelaufen war, hingen sie völlig in der Luft und konnten nur noch sterben.«

Abschreckende Beispiele, die ihn veranlassten, einen anderen Weg zu gehen. »Ich pflegte bewusst andere Interessen und scheute mich nicht davor, mich den grundsätzlichen Fragen zu stellen. Ich suchte das Glück, und Geld per se ist doch nicht das Glück!«

»Einfach zu sagen, wenn man mehr als genug davon hat.«

»Ich habe Verständnis für Menschen, die nur wenig Geld

haben, dass sie danach streben, weil es für sie etwas Sicheres zum Leben bedeutet, besonders im Alter oder wenn sie krank werden. – Wenn man jedoch Geld hat, dann bringt es Glück, wenn man es ausgibt. Aber nicht für eine Yacht, sondern für einen guten Zweck. Wenn man die horrenden Managerlöhne betrachtet, dann haben die meiner Ansicht nach gar nichts mit Glück zu tun. Das ist reine Selbstbestätigung, oder ich weiss nicht, was. Die leben in ständiger Hast und auf der Suche nach Glück. Aber so kommen die nicht zu ihrem Glück.«

»Das klingt sehr abgeklärt.«

»So denke ich erst, seit ich ins höhere Alter gekommen bin, in jüngeren Jahren hatte Geld für mich noch eine andere Bedeutung. Nicht, dass ich mehr haben wollte; es war eine Art Zeugnisnote: Ich habe dieses und jenes erreicht, und das Geld mass die Leistung. Später habe ich gemerkt, dass man mit Geld sehr viel Sinnvolles tun kann, und das tue ich mit meinen gemeinnützigen Stiftungen.«

Er wiederholt mit Nachdruck, wie wichtig es sei, andere Interessen zu fördern, damit die Leute nicht auf Geld und die Börse fixiert bleiben.

»Ich spreche jeweils mit den Leuten bei uns, die in Pension gehen. Viele lassen sich bereits mit 62 pensionieren, und einige haben sich nebenbei etwas aufgebaut. Ich glaube, heutzutage pflegt man ganz bewusst andere Interessen, und das müssen wir fördern.«

Hans Vontobel, der sich zwar bereits vor vielen Jahren selbst pensioniert hat und trotzdem noch »seiner« Bank zur Verfügung steht, kommt zurück auf die Geschichte »seiner« Börse, die uns an diesen Schauplatz geführt hat.

Schon früh förderte er eine gewisse Publizität: »Die Börse hat eine volkswirtschaftliche Funktion, und das muss die Öffentlichkeit verstehen, deshalb wollte ich Transparenz schaffen. Und wenn es starke Kursexzesse gab oder etwas vorkam, was nicht hätte vorkommen dürfen, liess sich das dem

Volk besser erklären, wenn man ihm vorher ein gewisses Verständnis beigebracht hatte.«

Eines Morgens sei einer der älteren Händler nicht erschienen: »Er hatte Selbstmord begangen. Wir erfuhren, dass er in grossem Umfang spekuliert hatte und verschuldet war. Das war ein Dauerproblem, mit dem wir uns herumschlagen mussten: Darf ein Händler auf eigene Rechnung spekulieren? Das Problem ist der ›Conflict of Interest‹. Immer wieder flogen Händler auf, die zum Beispiel einen Freund bei einer Regionalbank angerufen und auf ihre eigene Rechnung Aufträge erteilt hatten. Solche Missstände musste man erklären, nicht entschuldigen«, unterstreicht Hans Vontobel.

»Sie müssen wissen: Insiderhandlungen sind unzulässig und gelten heute als amoralisch. Diese Auffassung setzte sich allerdings erst mit der Zeit durch. Einer der grössten Insider war der Eiserne Kanzler, Otto von Bismarck, und er nutzte sein Insiderwissen schamlos aus, um sich zu bereichern. Das ist schön dargestellt im Buch von Fritz Stern ›Gold und Eisen‹. Darin wird Bismarcks Verhältnis zu seinem Bankier Bleichröder geschildert; jedermann wusste, was die taten, und niemand hat sich daran gestört. – Bevor ich 1961 Börsenpräsident wurde, hatte man bereits einen Ausschuss zur Überprüfung der Erfassung des Tatbestandes der Insiderspekulation gebildet. Die Mehrheit in diesem Ausschuss war allerdings der Ansicht, dass nichts zu machen sei.«

Nicht so Hans Vontobel. Lange bevor die entsprechenden Gesetze endlich in Kraft traten, regte er die Schaffung eines internationalen Instituts zur Bekämpfung der Wirtschaftskriminalität an, um Auswüchse wie Insiderhandel und Geldwäscherei effektiv zu unterbinden.

»Aber es ist eben wirklich schwer. Überlegen Sie mal: Es trifft am Paradeplatz ein Banker seinen Freund und erzählt von einem guten Jahr, und dass vermutlich sogar die Dividende erhöht werde. Der Freund geht umgehend hin und kauft für sich Aktien des entsprechenden Betriebs. Ist das nun ein Insidergeschäft? Heutzutage kann man ein gewisses Insiderwissen gar nicht ausschliessen. Deshalb gibt es die Sperrfrist: In dieser Quiet Period darf der Insider weder kaufen noch verkaufen. Wenn er nun sein Wissen während dieser Phase seiner Freundin offenbart und diese handelt, kann man es nur beweisen, wenn es um grosse Beträge geht. Stellt man Kaderleute an, müssen diese zwar das Geschäftsreglement unterschreiben, in dem Insiderhandel ausdrücklich verboten ist. Aber eben, das Menschengeschlecht ist bekanntlich schwach, man kann nichts dagegen tun, man kann nur an die Moral appellieren. – Ich selbst habe mein Vermögen einem Berater unserer Bank übergeben und frage nur zweimal im Jahr, warum er dieses oder jenes gemacht hat.«

Vontobels Absicht, das Börsengeschäft transparent und dem Publikum verständlicher zu machen, stiess anfänglich auf starken Widerstand – intern wie extern. Der junge Bankier diskutierte mit dem damaligen Vizepräsidenten der Börse darüber, woraufhin sich dieser – zwischen Tür und Angel – umdrehte und knurrte: »Verdienen Sie etwa zu wenig?«

Hans Vontobel schüttelt noch heute den Kopf: »Was für eine Ignoranz.«

Als Präsident konnte er endlich den gewünschten Einfluss geltend machen. Die Börsenkollegen hatte er schnell überzeugt, um die Akzeptanz der Medien hingegen musste er sich noch bemühen. So verhandelte er zum Beispiel während Monaten mit den Verantwortlichen des Schweizer Radios, die überzeugt waren, dass Börsenkurse niemanden interessierten. Schliesslich erlaubten sie, dass nach den Spätnachrichten um 22 Uhr einige Börsenkurse verlesen werden durften.

Kurz darauf klopfte das Fernsehen an. »Bereits bei den ersten Sendungen war ich dabei, im Studio Bellerive am Utoquai. Einmal kam ich direkt aus den Bergen mit entsprechendem Schuhwerk und musste meine Statements abgeben. Ein paar Tage später fuhr ich mit dem Taxi durch Zürich.

Da schaute der Chauffeur über seine Schulter und sagte: ›Das war dann nicht fein.‹ – ›Was meinen Sie?‹ – ›Ja, am Fernsehen. Sie mit Bergschuhen. Das macht man nicht.‹ Dadurch habe ich gelernt, wie sehr die Zuschauer auf Details achten.«

In den 1960er und 1970er Jahren kommentierte Hans Vontobel fürs Fernsehen regelmässig das Börsenbarometer, und zwar direkt vom Ring. Schaut man diese Aufzeichnungen heute – vierzig und mehr Jahre später – an, fällt auf, dass er sehr bestimmt und autoritär, ja, militärisch auftrat. Nicht unbedingt sympathisch.

Hans Vontobel schmunzelt leicht verlegen: »Wahrscheinlich. Man sagt immer, dass ich autoritär gewesen sei. Ich habe das nie so wahrgenommen. Aber es ist wohl der Fall gewesen. – Ich habe immer versucht, die Ansichten anderer aufzunehmen und zu überdenken, auch wenn ich sie in einer ersten Reaktion abgelehnt hatte. Sitzungen, die ich präsidierte, eröffnete ich wenn nötig mit dem Hinweis, an der letzten Sitzung sei ich zwar anderer Meinung gewesen als verschiedene Teilnehmer. Ich hätte es inzwischen noch einmal überdacht, und sie hätten recht gehabt.«

»Sie erscheinen auf den Fernsehbildern auch um einiges korpulenter.«

»Ich wog damals 82 Kilogramm, und jetzt sind es 70. Ich achte mehr auf mein Gewicht. Je älter man wird, desto fitter muss man sein. Und daran halte ich mich.«

Radio, Fernsehen, Zeitungen – Hans Vontobel hat die Entwicklung der Medien miterlebt, mitverfolgt und gar journalistisch mitgewirkt. »In Zürich gab es eine Gesellschaft, die in ihrem Portefeuille nur Immobilien besass. Man sagte, es seien unter anderem leerstehende Hotels. Der betreffende Eigentümer der Gesellschaft machte jedoch gross Propaganda und einen entsprechenden Umsatz. Ich wollte mich mit der Gesellschaft befassen, sammelte während Monaten Material und schrieb dann einen Artikel mit vielen kritischen Fragen. Merkwürdig, nicht wahr, dass einige meiner Auskunftspersonen ihre zugesagten Statements zurückzogen, als es ernst wurde. Trotzdem habe ich den Artikel geschrieben und ihn der ›Neuen Zürcher Zeitung‹ geschickt. Das war mein erster Kontakt mit der ›NZZ‹.«

Rechtskonsulent Dr. Hans Pestalozzi meldete sich umgehend und bat den Autor zum Gespräch: Dieser Artikel müsse publiziert werden, denn es sei eine Katastrophe, was diese Gesellschaft mache. Es gebe aber ein Problem: Es würde wahrscheinlich zu einem Prozess kommen. Die »NZZ« führe aber keine Prozesse.

»Als ich zusagte, den allfälligen Rechtsstreit zu führen, erschien der Bericht. Der Mehrheitsaktionär der Gesellschaft antwortete auf meinen Artikel – auch in der ›Neuen Zürcher Zeitung‹. Anschliessend erschien meine Replik. Kurz darauf hat er sich erschossen. Die Konkursdividende war fünf Prozent.«

»Eine furchtbare Reaktion auf einen Zeitungsartikel. Hat Sie das belastet, ihn mit Ihrer Arbeit zu einer solchen Verzweiflungstat getrieben zu haben?«

»Er hat sich selbst so weit gebracht. So zimperlich bin ich nicht.«

Seit jenem Artikel blieb der Privatbankier der »NZZ« verbunden, immer wieder und bis heute als Autor, und von 1972 bis 1986 als Verwaltungsrat. Ein Mandat, das ihm besonders wichtig war: »Es geht mir auch hier um die ›Res Publica‹. Der Dienst für die Allgemeinheit ist für mich eine innere Verpflichtung. Wenn man eine bestimmte Haltung vertritt, sollte man diese auch kundtun. Man kann auch auf dem publizistischen Weg einen gewissen zurückhaltenden Einfluss nehmen.«

Den leidenschaftlichen Zeitungsleser faszinierten nicht zuletzt das Organisatorische dieser internationalen Zeitung, vor allem die grossen technischen Veränderungen im Produktionsprozess, deren Zeuge er wurde. Reizvoll auch die Kapitalerhöhung von 1986: »Eine starke Opposition im Verwaltungsrat meinte, man sei dann nicht mehr ›in der Familie‹ und müsse vom Spiegelsaal des Grand Hotel Dolder ins Kongresshaus umziehen. Ich habe für die Kapitalerhöhung plädiert, weil es sachlich nötig war.«

Trotz seiner intensiven Beziehung zur »NZZ« hat Hans Vontobel ein zwiespältiges Verhältnis zu den Medien.

»Wir brauchen die Medien, und wir brauchen einen gewissen Recherchierjournalismus, weil die heutige Gesellschaft so wenig transparent ist. – Medien müssen kritisch sein, aber man sollte verlangen dürfen, dass sie versuchen, das, worüber sie schreiben, auch zu verstehen. Das war in der Vergangenheit nicht der Fall. Und das ist es auch heute nicht. Eine Aargauer Zeitung schrieb bei der Verhaftung des Deutschen Postchefs Klaus Zumwinkel sinngemäss, ›man wisse ja, dass die Bank Vontobel sehr gute Beziehungen zur Deutschen Postbank habe. Das habe sie sich wahrscheinlich etwas kosten lassen.‹ Das ist schmutzig. Es stimmt auch nicht. Auf so etwas reagiere ich allergisch.«

»Sehr häufig erhalten Journalisten aber keine oder nur Teilantworten von den Verantwortlichen. Wie stellen Sie sich dazu?«

»Ich begrüsse es, wenn Missstände in einer Unternehmensleitung publik gemacht werden oder wenn über Geschäfte mit Staaten informiert wird, mit denen man nichts zu tun haben sollte. Auch eine Sozialpolitik, die nicht den üblichen Grundsätzen entspricht, müsste in der Presse thematisiert werden.«

Hans Vontobel hält inne und fragt mit zweifelndem Unterton: »Aber kommt es auch tatsächlich in die Presse?«

Es bleibt ruhig im grossen ehemaligen Börsensaal. Nach einer längeren Pause bekundet Hans Vontobel zögernd sein Erstaunen darüber, dass in vergangenen Zeiten selbst in »seiner« renommierten »NZZ« nur zwei bis drei Mal über die Exzesse in der Wirtschaft geschrieben wurde, obwohl die ganze Welt darüber berichtete.

»Am Schluss eines dieser seltenen Artikel stand, dass nun eine andere Führungsgeneration komme, eine mit neuen Werten. Ich habe dem Autor geschrieben, dass ich das nicht glaube. Die neue Generation sei von der vorhergehenden geformt worden und würde nicht besser sein. Der Journalist hat sich zwar schriftlich bedankt, aber es stimmt mich schon nachdenklich, dass nicht mehr passiert.«

Hans Vontobels Erfahrungen bezüglich der Glaubwürdigkeit der Medien sind nicht die besten. »Sie können selbst noch so korrekt sein, irgendwann kann es Ihnen einmal den Ärmel hineinnehmen.«

Ungern spricht er über eine Mediengeschichte aus dem Jahr 1995. Eine Zeitung behauptete, er sei sechs Jahre zuvor an einem bestimmten Tag nach Wien geflogen und mit Stasi-Leuten nach Dresden weitergereist. Die Journalisten stützten sich auf Vermutungen von deutschen Ermittlern.

Der Schock sitzt bis heute tief: »Es war an einem Sonntag, ich wanderte im Tessin. Da las ich bei einem Aushang die Schlagzeile: ›Zürcher Privatbankier arbeitet mit Stasi zusammen‹. Und dann war ich das!«

Der Vorwurf: Hans Vontobel habe mit der Stasi kooperiert und wissentlich mit Stasi-Leuten Geschäfte getätigt.

Der Hintergrund: Die Bank Vontobel übernahm 1992 aus dem Nachlass des FDP-Nationalrats Richard Reich eine 20-Prozent-Beteiligung an dem Unternehmen TCAC (Transport & Communication Assessment Center GmbH) in Dresden. Deutsche Ermittler gingen der Spur nach, dass das Unternehmen 1990 von Stasi-Mitarbeitern gegründet und DDR-Geld abgezweigt worden sei. Vontobel bestätigte im Interview mit der Zeitung, Anteile an der TCAC übernommen zu haben, erwähnte aber auch, dass die renommierte Dresdner Bank ebenfalls beteiligt war und er über Siegfried

Bergström, Chef der TCAC, Erkundigungen einholen liess und diese gut waren.

Die Tatsachen: Die Bank Vontobel kann, gestützt auf den Bericht einer externen Revisionsgesellschaft, nachweisen, dass sie niemals Geschäftsverbindungen mit ehemaligen Stasi-Leuten und Stasi-Organisationen pflegte.

»Erst als ich belegen konnte, dass überhaupt nichts davon stimmt, dass ich an jenem Tag, an dem ich gemäss Zeitungsartikel im Flugzeug nach Wien hätte sitzen müssen, ganz andere Verpflichtungen hatte, waren die Verantwortlichen bereit, eine Richtigstellung vorzunehmen. Das habe ich nicht akzeptiert, und sie stattdessen eingeklagt.« Noch immer sieht Hans Vontobel die Einvernahme vor der zuständigen Bezirksanwältin vor sich, bei der zu seinen Gunsten entschieden wurde. »Die Gegenseite hat sich schliesslich bereit erklärt zu publizieren, dass die Geschichte nicht stimmte.«

»Wie können Sie es sich denn erklären, dass Ihr Name in diesen Ermittlungen überhaupt auftauchte?«

»Ich kann mich nur wiederholen, und zwar so, wie ich es den Journalisten dargelegt habe, auch wenn ihnen das offensichtlich nicht gefiel und die Story versaut hätte: Jeder westliche Informationsträger war für die Stasi interessant. Möglich, dass jemand versuchte, aus meinem Namen oder einem Kontakt mit mir Kapital zu schlagen.«

Der damals 78-jährige Vontobel, bekannt für seine Bemühungen um mehr Ethik in der Wirtschaftswelt, fühlte sich durch die reisserische Schlagzeile »Top-Bankier Hans Vontobel: Brisante Beteiligung in Ex-DDR« in seinem Ruf und Stolz verletzt.

»Haben Sie mit den Verantwortlichen den direkten Kontakt gesucht?«

»Der zuständige Mann, der heute beim Fernsehen arbeitet, hat nachträglich gesagt, er würde gerne mit mir eine

Besprechung führen. Ich entgegnete: ›Gut, kommen Sie.‹ Er kam nicht. Damit war es erledigt. – Reden wir nicht mehr darüber. So, war's das für heute?«

Unsere Zeit ist um. Hans Vontobel greift nach seinem Regenmantel und schreitet bedächtig Richtung Lift.

»Wann waren Sie eigentlich das letzte Mal hier?«

»Ich war nie mehr da. Wenn Schluss ist, ist Schluss.«

Hans Vontobel steigt in ein Taxi und fährt für einen kurzen Zwischenstopp nach Hause.

•

Zwei Stunden später findet unsere heutige Begegnung ihre Fortsetzung im Plenarsaal der Bank Vontobel an der Gotthardstrasse 43. Anlass bildet die Veranstaltung »Women and Finance«, Hauptredner ist der 91-jährige Herr des Hauses. Zwei etwa 20-jährige Harfenistinnen empfangen die zahlreichen Gäste mit Musik. Hans Vontobel: »Ich liebe Harfenmusik.« Die beiden Künstlerinnen können ihr Studium unter anderem dank Lyra, einer Vontobel-Stiftung, absolvieren. Hans Vontobel nähert sich den gegen hundert Frauen, die sich für den Vortrag angemeldet haben. Unter ihnen entdeckt er seine jüngere Tochter, auf die er – sichtlich erfreut über ihre Anwesenheit – zusteuert, um sie per Handschlag zu begrüssen.

Der Referent beginnt auf dem Podium seine Rede, die vielen Frauen-Augenpaare hängen an seinen Lippen. Konzentrierte Stille herrscht im grossen Raum, Frau ist ganz Ohr.

Hans Vontobel spricht ohne Manuskript über das Banking im Allgemeinen, über Geld, wie er es verdient und wo sein Geld heute hinfliesst. Er erklärt den Sinn und Zweck seiner einzelnen Stiftungen, insbesondere der ganz eigenen, in der nur er entscheidet und die sich mit Einzelschicksalen befasst. Aus diesem Topf unterstützte er eine Brasilianerin, die einen Schweizer heiratete und zwei Kinder von ihm bekam. Der Mann verliess die Familie und zahlte nicht. Seine Bemerkung, »es spielte sicherlich eine Rolle, dass sie Vontobel hiess. Ich bin mit ihrem Ex-Mann aber nicht verwandt«, löst Spontanapplaus und Gelächter aus. Hans Vontobel hat das Publikum im Griff. Die Zuhörerinnen spüren, wie nahe ihm die persönlichen Geschichten gehen. Wie die des 30-jährigen Mannes, der sein Leben lang Drogen nahm und nun ›sauber‹ sei, eine Ausbildung machen wolle, dafür aber kein Geld vom Staat erhalte. Ihn unterstützt er ebenfalls. Dabei wirft der Patron die Fragen auf: »Wäre dies nicht Sache des Staates? Welche Rolle spielen also Stiftungen? – Nun, ich denke eine immer wichtigere, denn die öffentliche Hand kann in vielen Fällen nicht mehr angemessen helfen, sei es im sozialen, kulturellen oder wissenschaftlichen Bereich. Aus diesem Grund stellen die verschiedenen, im Umkreis der Vontobel-Holding angesiedelten gemeinnützigen Stiftungen der Öffentlichkeit Millionenbeträge zur Verfügung.«

Und einmal mehr betont er, dass Geld zwar Sicherheit vermittle, aber keineswegs für Glück stehe. Die Geschäftsfrauen sind gerührt, beschämt, aber auch motiviert – fürs Leben.

Hans Vontobel legt Wert auf die Begegnung mit den Businesswomen. Lange Zeit waren Frauen – auch in seiner Bank – hauptsächlich zuständig für Sekretariatsarbeit. Sein Frauenbild hat sich in den letzten Jahren stark geändert, nicht zuletzt wohl seiner Enkelinnen wegen. Heute ist er überzeugt, dass es viel mehr Frauen in den obersten Etagen braucht. Er selbst kämpft dafür, dass eine Frau im Verwaltungsrat der Bank Einsitz nimmt. »Ich habe vor kurzem eine Liste mit Frauen vorgeschlagen. Es ist interessant, aus welchen Gründen man diese oder jene nicht anfragen will. Bei Männern würden solche Gründe wohl nicht zählen«, meint Hans Vontobel trocken.

Beim anschliessenden Apéro riche suchen die Gäste von »Women and Finance« das Gespräch mit ihm und lassen sich nur zu gern mit dem eleganten Bankier photographieren. Er posiert und legt dafür seine Arme um die Schultern der weiblichen Fans, die ihn feiern wie ein Popstar – was ihm sichtlich gefällt.

»So, und nun gibt's zu Hause einen Whisky.«

Mein Screwdriver muss warten bis zur nächsten Begegnung.

SCHAUPLATZ — 06

»Am Ende sind nur die wenigsten Dinge wirklich wichtig«

Ein Gespräch über das Wandern in der Natur und im Leben, das Älterwerden und Reifen, über Alleinsein und Vergänglichkeit

Wandern – meist im nahe gelegenen Zürcher Oberland – und sich eingebettet Fühlen in der Natur sind unverzichtbare Bestandteile im Leben des Privatbankiers Hans Vontobel.

»Ich hatte den Ehrgeiz, jedes Jahr auf den höchsten Berg im Kanton Zürich zu wandern, aufs Schnebelhorn (1292 m), oder auf den zweithöchsten, zum Beispiel aufs Hörnli, oder auf die Scheidegg.«

»Wie sieht denn Ihre Jahres-Bilanz diesbezüglich aus?«

»Ich muss ehrlich sagen, ich habe dieses Ziel 2007 zum ersten Mal nicht erreicht. Aber ich hoffe, es dieses Jahr zu schaffen. Eine meiner regelmässigen Touren, die um den Pfäffikersee, habe ich jedoch hinter mir, leider ohne die Wurst am Schluss zur Belohnung, denn der uralte Wurststand existiert inzwischen nicht mehr. – Wenn man älter ist, achtet man schon ein bisschen mehr auf den Faktor Sicherheit. Die Wanderwege aufs Schnebelhorn über Steg-Fischental sind wirklich ganz schmal, man trifft selten jemanden an.

Selbst wenn ich das Handy immer bei mir habe – man muss schon vorsichtig sein.«

Das Wandern ist uns an diesem Sommertag nicht vergönnt, seit dem frühen Morgen regnet es in Strömen. Wir treffen uns kurz nach Mittag auf dem grossen Parkplatz auf der Forch und fahren Richtung Hinwil, Bachtel. Der Regen prasselt auf das Dach des dunklen Mercedes. Hans Vontobel ist guter Dinge, hinter ihm liegen drei Wochen Ferien in seinem geliebten Engadin. Allerdings: »Ferien, nun ja, ich habe ja eigentlich immer Ferien ... es war herrlich. Das Wetter war gemischt: in den ersten Tagen sehr schön, nachher eher durchzogen. Jeden Morgen um sieben Uhr bin ich eine Stunde geschwommen, 18 Tage lang! Jeden Morgen aufstehen, eine Stunde schwimmen und dann frühstücken, das ist gutes Konditionstraining.«

Sichtlich zufrieden mit sich und seiner beachtlichen Leistung, lehnt sich Hans Vontobel in die weichen Ledersitze zurück. Mit ruhiger Hand steuert Chauffeur Jürg Hermann den schweren Wagen durch die Landschaft. Seit vielen Jahren steht der etwa 50-jährige Fahrer Hans Vontobel zur Verfügung, der dessen Dienst unter der Woche gern in Anspruch nimmt, wenn er längere Strecken bewältigen muss. An den Wochenenden setzt sich der Senior für kurze Strecken immer noch selbst hinter das Steuer.

Zu kurz gekommen ist in diesen Ferien das Wandern, für eine seiner Lieblingsrouten reichte die Zeit jedoch: »Die Strecke von Pontresina bis ins Rosegtal und zurück, das sind etwa fünfzehn Kilometer, die habe ich in vier Stunden zurückgelegt.«

Und auch den Vortrag, den er vorbereiten wollte, konnte er nicht als erledigt abhaken: »Im Oktober spreche ich in Frankfurt an einer Tagung des Schweizerisch-Deutschen Wirtschaftsclubs über ›Die Schweizer Banken im neuen Umfeld‹. Ich konnte den Vortrag aber nicht diktieren, im Moment ist alles so sehr in Bewegung.« Hans Vontobel spielt auf die internationale Finanzkrise an, die seit Monaten die Welt in Atem hält. »Ich bin schon erstaunt, dass Schweizer Grossbanken bei diesen Kalbereien in den USA in diesem Ausmass mitgemacht haben. Bemerkbar macht sich bereits, dass das Ansehen des Schweizer Bankiers leidet, besonders im Ausland. Wenn es zu keiner halbwegs vernünftigen Lösung kommt, wo steht dann der Finanzplatz Schweiz? Für eine ehrliche Einschätzung der Lage bleibt bloss eine Möglichkeit: Man muss in der jetzigen Situation mit Hypothesen arbeiten.«

»Da schon links, Herr Doktor?«, fragt der Chauffeur.

»Ja, das ist gut so. Gleich kommt die Unterführung und anschliessend müssen Sie rechts abbiegen.« Hans Vontobel kennt diese Gegend wie die eigene Hosentasche. »Von hier aus wandere ich oft. Ich stelle den Wagen ab und dann wandere ich los. – Jetzt geradeaus und da vorne links.«

Wie immer hat Hans Vontobel in den Ferien viel gelesen, nicht nur die Post und ausgedruckten Mails, die er sich konsequent nachschicken lässt. So viel zum Thema Ferien ...

»›Der letzte Weynfeldt‹ von Martin Suter, das ist ganz amüsant.« Eher gequält hat sich der Vielleser – »ich lese immer drei Bücher parallel« – durch den letzten Roman von Donna Leon »Lasset die Kinder zu mir kommen«. »Das ist ziemlich langfädig. Immer liest man, was es zu essen gibt und all das. Ich finde aber, dass die Autorin politisch je länger je kritischer wird, und das gefällt mir.«

Für den Wirtschaftskapitän, der sich selbst als Buchautor hervorgetan und mit »Unverbucht« und »Der Mensch als das Mass« zwei erfolgreiche Titel publiziert hat, sind Bücher ein essentielles Kulturgut. Deshalb unterstützt er immer wieder Publikationen, die ihm sinnvoll erscheinen, wie beispielsweise eine über die Römer oder über die Alemannen in der Schweiz.

»Jetzt, nach ungefähr hundert bis zweihundert Metern müssen wir rechts abbiegen, es ist sicher angeschrieben.«

Durch die beschlagenen Scheiben erkennt man verschwommen den Wegweiser »Hasenstrick«, und nach wenigen Minuten hält der Wagen auf einem grossen, nahezu leeren Parkplatz. Der Chauffeur eilt zu meiner Seite; Hans Vontobel, ganz den ehrwürdigen Anstandsregeln verpflichtet – »Oberdivisionär Edgar Schumacher lehrte mich, dass Ranghöhere und Damen stets rechts sitzen« –, hatte hinter dem Fahrer Platz genommen und ist bereits ausgestiegen. Unter den linken Arm klemmt er seine helle Ledermappe, die rechte Hand hält den Stock. Mit neugierigem Blick betrachtet er die grüngraue Landschaft. »Schauen Sie einmal – dieser Nebel.« Es regnet zwar nicht mehr, ein wolkenverhangener Himmel versperrt uns jedoch die Sicht auf die vor uns liegende Bergkette. Die Stimmung hat etwas Mystisches.

Im rustikalen Gasthaus Hasenstrick bestellen wir ein »Zweierli Rotwein«. Die Kellnerin bringt eine kleine Karaffe mit Dôle an den runden Holztisch.

Das Zürcher Oberland ist nicht nur eines seiner Lieblingswandergebiete, mit dieser Region verbindet Hans Vontobel viel mehr: »Unsere Familie stammt aus dem Zürcher Oberland, ursprünglich aus Wald. In dieser Gemeinde beherrschte eine alte Burg, bewohnt vom Geschlecht der von Tobel, das ganze Gebiet. Diese von Tobels waren Raubritter, weshalb ich mir gern die Bemerkung erlaube, dass der Schritt vom Raubritter zum Bankier kein grosser gewesen sei.«

Aufgrund dieser Herkunft ist Hans Vontobel nicht nur Bürger der Stadt Zürich, sondern auch von Pfäffikon im Kanton Zürich, noch genauer, von Irgenhausen, heute ein Teil der Gemeinde Pfäffikon.

Für Bub Hans bedeuteten die Ausflüge zu den Verwandten väterlicherseits, die man mit »Herr Vetter« und »Frau Base« ansprach – »das war die Sprache, die damals gesprochen wurde« –, einen Einblick in eine andere Welt. Nämlicher »Herr Vetter« holte ihn eines Tages am Bahnhof mit einer »Schäse« ab.

»Wissen Sie, was das ist? Das ist eine Kutsche mit einem Pferd davor, der Gaul hiess Fels, das habe ich bis heute nicht vergessen. Und sie brachten mir das Turbenstechen bei, das richtige Herauslösen von Torf im Moor; es muss wohl in den Herbstferien gewesen sein. Damals verwendete man den Torf als Heizstoff, was heute verboten ist.«

Die Leidenschaft fürs Wandern entwickelte sich erst viel später, mit über fünfzig Jahren.

»Was ist so besonders am Wandern, dass Sie nahezu jedes Wochenende auf einem Bergpfad anzutreffen sind?«

»Für mich erfüllt das Wandern verschiedene Funktionen. Zum einen muss ich gewisse Probleme verarbeiten. Konkret: Ich starte zu einer Wanderung mit einem grossen Problem, und je länger ich laufe, desto kleiner wird es. Dafür muss ich für mich sein, und deshalb gehöre ich zu den ›Allein-Wanderern‹. Zum andern habe ich das Bedürfnis, wenigstens am Wochenende aus der Stadt rauszukommen und mich in der Natur aufzuhalten; das bedeutet mir sehr viel. Und der dritte Grund ist: Ich will fit bleiben.«

»Wandern als Problembewältigung?«

»Lassen Sie es mich so formulieren: Wenn ich unten am Berg beginne, neige ich nach all dem, was ich während einer Woche erlebt habe, manchmal dazu, zu dramatisieren und falsch zu gewichten oder überzubetonen. Wenn ich schliesslich oben auf dem Berg ankomme, bin ich wieder ›halb normal‹.«

Hans Vontobel vertieft den Gedanken und spielt dabei mit dem Rotweinglas.

»Während einer Woche erlebt man so viel, ein Gespräch nach dem andern, zum Teil sehr menschliche Dinge, die einem weh tun. Und all dieses Menschliche belastet einen auch immer. Ich könnte es mir zwar einfacher machen, indem ich mich distanziere, ausschliesslich Statistiken anschaue und nur die zwei bis drei führenden Mitarbeiter zu mir durchlasse. Das ist aber nicht meine Art.«

Um den Kopf auszulüften und sich von der Welt, in der es unablässig um Millionen und Milliarden geht, zu distanzieren, hat dem Bankier schon immer sein Bewegungsdrang geholfen. Wann immer möglich, ist er morgens vom Zürichberg bis in die Bahnhofstrasse zur Arbeit gegangen und abends zu Fuss nach Hause. Bis zu seinem 89. Lebensjahr behielt er diese Gewohnheit bei.

Ein Kriterium bei der Wahl der Wochenend-Routen besteht darin, dass sie den rüstigen Wandervogel zu interessanten Stätten führen. Für ihn zählen dazu die besonderen Beschriftungen an den alten Häusern im Zürcher Oberland, die er immer wieder aufspürt. »Unten am Bachtel ist zum Beispiel eine Scheune an ein Bauernhaus angebaut. Dort steht gross geschrieben: ›Gott bhüet üs und d'Lobe (Kühe), vom Morge bis zum Obe.‹ Die Sprachgrenze zu Zürich bildet der Greifensee. Nördlich des Greifensees sagt man nicht ›Abig‹, sondern ›Obig‹, nicht ›Bratwurst‹, sondern ›Brotwurst‹. Das ist typischer ›Züri-Oberländer-Dialekt‹. Jedes Dorf besass seine Eigenheiten und sogar seine spezifischen Familiennamen.«

Mit seinen Kenntnissen der regionalen Sprachbesonderheiten überraschte der Privatbankier vor Jahren einmal den Ehrenpräsidenten der grössten südafrikanischen Versicherung Old Mutual in Kapstadt, nachdem dieser erzählte, er stamme ebenfalls aus der Schweiz. »Ich sagte ihm auf den Kopf zu: ›Sie kommen aus Elgg‹, was ihn völlig verblüffte. Er hiess Wertmüller, die kommen alle aus Elgg.«

Amüsiert hat sich der Whisky-Liebhaber über den Text an einem Haus in Herschmettlen. »An einer ehemaligen Schnapsbrennerei heisst es: ›Der Schnaps, der sei des Menschen Feind, das hat der Pfarrer jüngst gemeint. Doch in der Bibel steht geschrieben: du sollst auch deine Feinde lieben.‹«

Auch kuriose Entdeckungen gelingen Hans Vontobel bei dieser Spurensuche: »An einem alten stattlichen Haus zwischen Bubikon und Rapperswil hängt eine Tafel, die besagt, dass das Haus im 17. Jahrhundert von einem reichen Mann gebaut worden sei. Der hat zum Zeichen, dass er reich ist, verlangt, dass das Anrühren des Zements nur mit dem besten Wein erfolgt, nicht mit Wasser. Solche Überlieferungen finde ich hochinteressant. Sie belegen, wie gross das Wohlstandsgefälle war und sie zeigen auch, wie sich das Verhalten der Generationen veränderte. Die erste Generation dieser Fabrikanten hat gekämpft und lebte sehr bescheiden, die zweite und dritte hat es sich wohl ergehen lassen. Einige waren vielleicht sozial besorgt, oft jedoch benahmen sie sich wie ungekrönte Könige. Von der jüngeren Generation erzählte man sich zum Beispiel, dass sich diese jeweils am Wochenende traf, Zigarren rauchte und diese mit 100-er-Noten anzündete. Exzesse gab es schon immer – einfach auf eine andere Art.«

An die Erzählungen über den berühmtesten Sohn der Gemeinde Bauma, den schillernden Adolf Gujer-Zeller, erinnert sich Hans Vontobel noch lebhaft. »Vor über hundert Jahren besass er eine Spinnerei, gründete eine Bank und baute die berühmte Jungfraubahn. Er liess zudem die Gujer-Zeller-Wanderwege anlegen, damit die Arbeiter in der Freizeit weniger saufen. Die Renovation dieser Wege haben wir von der Stiftung aus unterstützt. Auf einer Gedenktafel an ihn heisst es leider, dass der Gujer-Zeller das grosse Geld mit Spekulieren gemacht hat und nicht als Fabrikant, das finde ich nicht fein.«

Als historische Lektüre dienen ihm Bücher und Tagebücher über das Leben während des 18. und 19. Jahrhunderts: Wie die Leute zum Beispiel während der grossen Hungersnöte nur noch von Kartoffelschalen lebten; dass die Männer ihre Frauen im süddeutschen Raum auswählten und sich diese vor der Hochzeit ihre Zähne ziehen lassen mussten, damit später keine Zahnarztrechnungen drohten. »Gemäss diesen Bauerntagebüchern war das Leben nicht so idyllisch, wie man immer behauptet. Man verhielt sich häufig neidisch in Kleinigkeiten und hat sich gegenseitig oft genug verleumdet.«

Nach wie vor haben nur wenige Gäste den Weg herauf gefunden, es wirkt trotzdem gemütlich in der heimeligen Bauernstube – so, wie er es schätzt.

»Auf dem Lehrpfad zwischen Aathal und Uster kann man die industrielle Revolution verfolgen: Von den Bauern, die für den Nebenverdienst im Keller Stoffe woben, über die kleinen Weber bis hin zu den grossen Industriellen und den Fabriken, die niedergebrannt wurden. Oder vom Plan, eine Bahn zu bauen, die vom Zürcher Oberland bis nach Istanbul führen sollte; das zeigt, dass schon damals ganz grosse Projekte vorhanden waren, die nie realisiert wurden. – In kritischen Fabrikgeschichten wird stets die Kinderarbeit beanstandet, das ist eine sehr einseitige Betrachtung. 1830/40 wurde gegen den Widerstand der Bauern die allgemeine Schulpflicht eingeführt. Für sie war ein Kind, sobald es gehen konnte, eine unverzichtbare Arbeitskraft. Es durfte nicht spielen, sondern musste arbeiten, und deshalb – aus ihrer Sicht absolut logisch – hat man die Kinder dann in die Fabrik geschickt. Das will man heute nicht mehr so sehen.«

Die Zürcher Oberländer charakterisiert Hans Vontobel als Grübler. »Ich bin halt auch ein bisschen so. Diese Dörfler waren ein eigener Schlag, verschlossen und beinahe schwermütig, sie sind nicht gerade leichten Fusses durchs Leben gegangen.« Als Beispiel erwähnt er den bekannten Schriftsteller und Volksdichter Jakob Stutz (1801–1877), der zeit seines Lebens, ganz im Gegensatz zu seinem Werk, von Todessehnsucht und Schwermut erfüllt gewesen sei.

Spaziert Hans Vontobel heute durch die Bauerndörfer, beelendet ihn die Zersiedelung der Landschaft. »In nahezu jedem Dorf ist ein Blinddarm angebaut, eine Reihe moderner Häuser. Ich finde das grauenhaft. Es ist schade, dass man das nicht früher festgestellt und verhindert hat.«

Ab und zu vernahm er aus einem der alleinstehenden Bauernhäusern frommen Gesang. »Da hatte sich irgendeine Sekte versammelt.«

Das Zürcher Oberland ist bekannt für die Ansiedelung von Sekten wie etwa die Wiedertäufer. »Ihre Bewegung im Raum Zürich war sehr stark, die Briefe der Zürcher Behörden an die Eltern sind noch erhalten. Man wollte, dass die Kinder ohne das Wiedertäuferwesen erzogen würden. Am Schluss hat man ihnen die Kinder gar weggenommen. Das waren tragische Entwicklungen.« Oberhalb von Bäretswil existieren noch die sogenannten Wiedertäufer-Höhlen. Die Überlieferungen besagen, dass die Sektenmitglieder in diese Höhlen geflohen sind, sobald die Obrigkeiten von Zürich im Anmarsch waren.

Hans Vontobel bemüht sich, die Beweggründe von Menschen zu verstehen, die sich religiös geprägten Bewegungen anschliessen.

»Bei uns hat lange eine Zeugin Jehova gearbeitet. Sie brachte manchmal Bücher mit, und sie wollte mich bekehren, was ihr natürlich nicht gelungen ist.«

»Betrachten Sie Sekten denn nicht als Gefahr?«

»Es gibt überall und immer wieder Exzesse, deswegen kann man solche Gemeinschaften an sich nicht einfach pauschal verurteilen. – Jesus hat gesagt, ›in meines Vaters Haus sind viele Räume‹. Jeder Mensch versucht das Höhere, das er erahnt, auf seine eigene Art zu finden. Bereits die Tatsache, dass das Bedürfnis da ist und dass man darauf achtet, finde ich positiv.«

Hans Vontobel gehört der reformierten Kirche an, ist aber nicht religiös erzogen worden. »Meine Eltern folgten den bürgerlichen Konventionen. Dazu gehörte, dass man an Hochzeiten, Taufen und Abdankungen zur Kirche ging.« Nach dem Konfirmandenunterricht beendete er seine regelmässigen Kirchgänge; das hat sich inzwischen geändert. An manchen Dienstagen besucht er den Morgengottesdienst in der alten

Kirche Fluntern. Als einer der wenigen männlichen Besucher sitzt er jeweils ganz vorne bei einigen älteren Damen.

»Je mehr ich nachgedacht habe, je mehr ich gewandert bin, desto mehr habe ich meine Einbettung in einer höheren Gewalt empfunden. Ich glaube, wenn man keine religiöse Erziehung und keine speziellen Erlebnisse hatte in der Jugend, ist man erst im reiferen Alter bereit, das Religiöse zu erahnen.«

Früher, auf Geschäftsreisen, vertiefte sich der Bankier ernsthaft in Bibellektüre. »In jedem Hotel liegt ja eine auf, und ich habe wirklich ein paar Mal die Bibel aus dem Nachttisch genommen und versucht, sie gewissenhaft zu lesen. Aber ich war müde, und dann standen dort Sätze, bei denen ich mich fragte, was heisst jetzt ›Heil Dir Herrgott Zebaoth‹ schon wieder?« Im Grunde genommen ist das aber ganz unwesentlich. »Ich sehe den Herrgott nicht als Mann mit Bart, sondern das ist irgendwie die Kraft über uns, und sie ist auch in uns. Wir müssen sie bloss suchen.«

In der Natur erfährt er dieses Gefühl am stärksten.

»Wenn ich wandere und dabei all die Probleme, die mir begegnet sind, seriös aufnehme und versuche, sie durchzudenken, dann ist es wesentlich zu gewichten, denn am Ende sind nur die wenigsten Dinge wirklich wichtig.«

Hans Vontobel legt die vom Wandern tiefgebräunte Stirn in Falten.

»Wir müssen lernen, unsere Einbettung im Weltlauf zu verstehen und zu akzeptieren. In diesem dauernden Kommen und Gehen liegt für mich persönlich ein grosser Trost und eine Hilfe. Wir sind das kleine Teilchen eines Ganzen, aber es ist uns geschenkt, die vielen kleinen Schönheiten, die uns umgeben, täglich zu bewundern. – ›Alles chunnt und gaht‹, das ist doch unglaublich tröstlich.«

Die intensiven Wechsel der Jahreszeiten beobachtet der Bankier ganz bewusst in seinem Garten mit grosser Schmetterlingswiese in Erlenbach – für den begeisterten Freizeit-

gärtner das aus dem Dornröschenschlaf erwachte Paradies. Den ewigen Kreislauf des Lebens registriert Hobby-Ornithologe Vontobel auch in der Tierwelt: »Nehmen Sie die Zugvögel. Schauen Sie mal, wie gross der Anteil jener ist, die im Frühling schlüpfen und das Jahresende überleben. Das ist ein kleiner Prozentsatz, die meisten sterben. Das ist doch selbstverständlich.«

Den innigen Bezug zur Natur wollte der Privatbankier auch an seine Angestellten weitergeben und bot jahrelang jeweils im Frühsommer am Samstagmorgen Exkursionen unter der Leitung des Biologen Hans Traber ins Zürcher Oberland an. Bis zu vierzig Interessierte standen mit ihrer Familie um fünf Uhr am Waldrand, um von Hans Traber möglichst viel über die Fauna, Flora und Tierwelt der heimischen Wälder zu erfahren. »Hört ihr diesen Vogel? Ihr meint, der Vogel möchte euch eine Freude bereiten mit Singen. Er will aber nur sein Gebiet abgrenzen.« Ihren krönenden Abschluss fanden diese Ausflüge stets in einer Bauernwirtschaft. »Dort hatte Traber seine Mikroskope aufgestellt mit dem Plankton und liess uns durchschauen. Um zehn Uhr servierte man uns einen reichhaltigen ›Buurezmorge‹ mit Schinken und Speck. Das war herrlich. – Wir haben 1974 aus Anlass des 50-jährigen Jubiläums das Naturschutzgebiet zwischen Illnau und Effretikon, das sogenannte Örmis, zusammengekauft und dem damaligen kantonalen Naturschutzbund, der heutigen Natura, zuhanden der Zürcher Bevölkerung übereignet. An unseren Anlässen für Mitarbeiter, Mitarbeiterinnen und deren Familien zeigen uns Leute vom kantonalen Naturschutzbund die Biotope. Und dann gibt es Frühstück, das hat bereits Tradition, und ich habe es beibehalten, weil ich das für sehr wertvoll erachte. Es ist für mich immer wichtig, dass ich nicht nur die Mitarbeiter kenne, ich will auch ihre Partner kennen. Einen Mann beispielsweise können Sie nur durch seine Frau verstehen.«

»Sie meinen, weil hinter jedem erfolgreichen Mensch eine starke und verständnisvolle Person steht?«

»Wenn ein Mann zufrieden ist, wenn eine Ehe oder eine Lebensgemeinschaft harmonisch verläuft, dann ist er auch zufrieden im Beruf, und das ist für einen Unternehmer sehr entscheidend. Steht ein Mensch jedoch zu Hause unter Druck, muss man fragen: Ist er ein Risiko?«

Hans Vontobels Bedenken teilen viele Unternehmer, auch wenn sie es nie öffentlich zugeben würden. Seine Befürchtungen stammen aus einer Zeit, in der die Gattinnen ihre an das Bankgeheimnis gebundenen Privatbankiersehemänner gelegentlich auf Auslandsreisen begleiteten.

Neben den Familien der Angestellten liegen dem Senior die Pensionierten sehr am Herzen. »Das sind die Treusten.« Bei der Bank Vontobel kommen sie zweimal im Jahr zusammen, Hans Vontobel nimmt immer am Treffen in der Winterhälfte teil. Jeder Gast erhält aus der Hand des Patron einen ›Chlaussack‹, Hans Vontobel begrüsst jeden persönlich und erkundigt sich nach dem Wohlergehen.

»Ist es nicht merkwürdig für Sie, so viel jüngeren Menschen an Pensioniertenabenden zu begegnen? Schliesslich haben Sie alle schon lange überholt, was dieses Thema betrifft. Wie haben denn Sie bisher das Älterwerden erlebt?«

Hans Vontobel greift nach seinem Glas, dreht den bauchigen Kelch nachdenklich in beiden Händen, nimmt einen Schluck. »Ich hatte bis kurz vor meinem neunzigsten Geburtstag eigentlich nicht den Eindruck, älter zu werden. Ich habe gar nicht daran gedacht. Das Alter eines Menschen hat mich auch nie besonders interessiert. Hie und da nahm ich an einem Anlass teil und habe gesagt, ich gehe zu den ›alten Chläusen‹. Dann habe ich plötzlich festgestellt, dass ich ja älter bin als diese ›alten Chläuse‹. Wissen Sie, mit einem solch runden Geburtstag wie dem Neunzigsten wird einem schier eingeimpft, dass man neunzig ist. Die Leute fragen mitleidvoll: ›Ja, chasch du das na?‹ Oder: ›Wie gaht's dir?‹ Das geht mir kolossal auf die Nerven.«

Diese mitleidigen Blicke, die Bestrebungen, ihm in den Mantel zu helfen – das alles ist ihm zuwider. Freilich werden auch Stimmen selbst von ihm Nahestehenden laut, die ihm vorwerfen, nicht angemessen altern zu können.

»Ich will meinen Weg gehen, ich habe Spass daran. Nur auf dem ›Bänkli‹ sitzen und das ›Büsi‹ streicheln, das liegt mir überhaupt nicht. Ich suche in meinem Leben Glück und Befriedigung, und das finde ich schon auch auf einem Berg, wenn unten im Tal die Kirchenglocken läuten. Andererseits bedeutet Befriedigung für mich, dass ich etwas vollenden kann, wenn ich eine neue Idee habe und diese realisieren kann.«

»Wie haben Sie das Älterwerden in Beziehung auf das ›schöne Geschlecht‹ erlebt?«

Hans Vontobel reibt sich mit zwei Fingern die Stirn – eine typische Geste, die ein wenig an Rodins Denker erinnert.

»Ich glaube, einem normalen gesunden Mann ist das weibliche Geschlecht nie gleichgültig. In jungen Jahren dominiert der sexuelle Faktor, was sich positiv wie negativ auswirken kann. Mit zunehmendem Alter ist das Sexuelle nicht mehr so virulent, aber immer noch vorhanden. Sie wissen vermutlich, dass es bei Vontobel heisst, an einem Anlass muss links und rechts von mir eine hübsche Frau sitzen. – Der Mensch ist nicht gemacht, um allein zu leben. Wir sind weiterhin auf Liebe, Wärme und Zärtlichkeit angewiesen, mag der Schein auch täuschen. Aber können wir jüngeren Gefährtinnen noch im Übermass bieten, was diese – bewusst oder unbewusst – suchen?«

Gerade an diesem Morgen besuchte ihn ein ehemaliger Mitarbeiter, inzwischen Witwer, den er nach dem Tod seiner Frau eine Zeitlang begleitet hat. »Er war etwas kompasslos und hatte eine resolute Kampfsportlehrerin gefunden.

Als ich mich nach dieser neuen Lebensgefährtin erkundigte, sagte dieser Ex-Mitarbeiter: ›Ich habe sie nicht mehr, ich habe nun eine andere.‹ Vielleicht war es zu viel Jiu-Jitsu für ihn.« Hans Vontobel schmunzelt.

»Etwas vom Wichtigsten ist wohl, dass ein Mensch, der noch im Leben steht, die täglich auf ihn einstürmenden Probleme mit jemandem besprechen kann. Vielleicht braucht man ja nicht einmal eine Antwort, aber man muss sprechen können.«

Er schenkt Wein nach.

»Hatten Sie auch immer jemanden?«

»Nein, nicht immer. – Man ist sehr einsam im Alter.«

Hans Vontobels Frau starb im Sommer 2003.

»Sie war sehr lange schwer krank. Man kann sich zwar mental auf den Abschied vorbereiten, im Kopf habe ich mich auch von ihr verabschiedet, aber das Herz, nun ja, das kommt nicht unbedingt mit. Vor allem an den Abenden ist es nicht einfach für mich. Ich bin zwar oft eingeladen und kann viel ausgehen, wenn ich aber allein zu Hause bin, die Haushälterin gegangen ist, ich die Nachrichten gesehen habe – dann stelle ich mich ans Fenster und schaue auf Zürich.« Und seine Stimme wird fester. »Ich sage dann jeweils laut vor mich hin: ›Mir gahts doch sauguet, ich bin en undankbare Mensch.‹ – Hie und da hilft es.«

»Und wenn nicht?«

»Dann genehmige ich mir einen Whisky. Aber es bringt nicht viel. – Man ist so alt, wie man sich fühlt. Aber es beschäftigt einen schon, denn fortlaufend verliert man Freunde, sie sterben hinweg, einer nach dem anderen; selbst die eigene Familie lichtet sich. Man ist im Fluss und schwimmt mit, solange es geht.«

Hans Vontobels Stimmung bleibt nachdenklich. Es ist ihm allerdings keineswegs unangenehm, über diese für viele Menschen so heiklen Themen zu sprechen.

»Man lernt in meinem Alter, auch wenn man in der Familie ein gutes Einvernehmen und es mit den Kindern gut hat, dass diese in ihrer eigenen Welt leben. Das muss man verstehen, aber man muss Gelegenheiten nutzen. Ich erhielt zum Beispiel gestern Abend nach dem Abendessen einen Anruf von meiner älteren Enkelin: ›Papi-Hans, kann ich mit meinem Mann einen Besuch bei dir machen?‹ Obwohl ich müde war, habe ich zugesagt und gefragt, wann sie komme. ›In zehn Minuten bin ich bei dir.‹ Die Haushälterin blieb und richtete eine Kleinigkeit für die beiden her, und wir haben zwei gemütliche Stunden miteinander verbracht.«

Hauptthema: Der Familienanlass vom vergangenen Sonntag. Hans Vontobels ältere Tochter – die Mutter der Enkelin – feierte nämlich mit vielen Gästen und einem vollen Programm ihren Geburtstag.

»Hört sich nach einer grossen Sache an. Wie alt wurde Ihre Tochter?«

»Sechzig.«

»Sechzig?«

Hans Vontobel lächelt. »Ja, das kann einem schon einen Schlag versetzen, wenn man sagen muss, dass man eine 60-jährige Tochter hat. Für einen Vater bleibt dieser Mensch immer sein Kind.«

»Von all dem, was Sie in Ihrem langen Leben erreicht haben: Worauf sind Sie stolz, was macht Sie zufrieden?«

»Ich bin stolz darauf, immer meine Meinung gesagt zu haben, selbst wenn es mir geschadet hat. Ich musste dazu keine Angst überwinden, ich bin ohnehin kein ängstlicher Typ. Ausserdem kam mir einfach nichts anderes in den Sinn, denn ich habe immer das Gefühl, dass ich meine Meinung sagen muss. Das habe ich auch in Gremien getan, in denen es gar nicht gern gehört wurde. Das ist mein Stolz.«

»Und was würden Sie – rückblickend betrachtet – anders machen?«

»Was würde ich nicht mehr machen?«, wiederholt der 91-Jährige und schaut mich fragend an.

»Ja.«

Hans Vontobels blaue Augen schweifen aus dem Fenster in die Weite. Er lässt sich mit seiner Antwort Zeit, viel Zeit.

»Das Gespräch mit den Verstorbenen geht ja in irgendeiner Form gedanklich weiter. Sie wissen, ich hatte mit meinem Vater kein besonders gutes Verhältnis. – Wir führten sehr harte Diskussionen. Ich habe mich zu wenig bemüht, ihn zu verstehen. In seinen letzten Jahren war es sehr schwierig. Aber der Mann war krank. Das hätte ich verstehen müssen. Es war für mich eine beschwerliche Zeit, aber ich hätte ihn verstehen sollen.«

Es ist ganz still, die Sekunden tropfen.

»An meiner Beerdigung möchte ich keine Dankesreden. Es wird genau ein Statement des Verstorbenen verlesen, das auf einem A4-Papier von mir formuliert ist. Wenn ich gehe, möchte ich sagen können: Ich habe meine Sache getan.«

Sein Blick wird durchdringend. »Ich bin in meinem Leben wie auch in meiner eigenen Entwicklung immer in neue Phasen hineingerutscht. Das stellt man allerdings erst rückblickend fest und versucht dann, gewisse Konsequenzen daraus zu ziehen. Man lernt sich immer ein bisschen mehr und besser kennen, aber man kennt sich nie ganz. Das ist vielleicht gut so.«

»Was beschäftigt Sie denn im Moment besonders?«

»Mich beschäftigt, welchen Weg dieses Land geht. Vielleicht bin ich auf eine Art ein typischer Schweizer. Ich weiss es nicht, aber es ist mein Land. Ich kritisiere es sehr, auch Zürich kritisiere ich deutlich – weil ich diese Stadt gern habe. Wenn Sie beobachten, wie man sich bei uns über Kleinigkeiten ereifert, gegeneinander vorgeht, sich verunglimpft und dabei die wesentlichen Probleme, die auf uns zukommen, gar nicht erfasst – das sind die Dinge, die mich umtreiben.«

Und oft genug auch ärgern. Vor ein paar Tagen traf Hans Vontobel mit einem freisinnigen Nationalrat zusammen, dem gegenüber er seinen Unmut darüber äusserte, dass der einzelne Politiker nur für sich politisiere, und zwar im Hinblick auf die Wahlen. Der Partei fehle jeglicher Weitblick, man wolle nicht sehen, dass man in 20 oder 30 Jahren vor einem riesigen Problem stehe, wenn die Überalterung so weitergehe.

»Eigentlich müsste mich das ja nichts mehr angehen, aber es beschäftigt mich trotzdem. Der grosse Teil der Bevölkerung wird dann nämlich 80, 90, 100 Jahre alt werden, und es geht nicht darum, ob man sie ernähren kann, sondern um die Frage, wer dann noch arbeitet. Dann rufen die Parteioberen wieder nach Immigranten, was sie ja eigentlich nicht wollen.«

Hans Vontobel spricht engagiert und mit Leidenschaft. Man spürt, wie nahe ihm diese Themen gehen.

»Man spricht oft herablassend von den Alten und hat dabei vor allem jene im Auge, denen das Schicksal in späten Jahren übel mitgespielt hat. Ich habe solch tragischen Fälle immer wieder bei den sich über Jahre hinziehenden Besuchen bei meiner Frau in einem Alters- und Pflegeheim erlebt. Solche Heime häufen sich, oft sind sie vor allem nach kommerziellen Gesichtspunkten ausgerichtet. Besteht nicht die Gefahr, dass neben kommerziellen und hygienischen Führungsgrundsätzen der einzelne, oft hinfällige alte Mensch in seiner Individualität zu kurz kommt? – Gestatten Sie mir in diesem Zusammenhang eine Erinnerung: Ich habe eine Arbeit über Suizid im Alter gelesen. Darin hiess es, dass vor allem alleinstehende, ältere Männer in ihrer Einsamkeit diesen Weg gehen, das hat mich sehr, sehr stutzig gemacht. Tragen wir diesen erschreckenden Phänomenen genügend Rechnung?«

Der analytische Denker benennt einige Ursachen und liefert auch gleich erste Lösungsansätze: »Die Pensionierungsgrenze, die ein Kind der Fabrikgesetzgebung des 19. Jahrhunderts ist, berücksichtigt die ganz verschiedenartige Entwicklung des Individuums im Alter nicht. Wir müssen uns von diesen starren Altersbegrenzungen lösen. Der Mensch sollte tätig sein dürfen, solange er Spass daran hat. Allerdings sollte er auch die Möglichkeit besitzen, früher auszuscheiden, wenn er das möchte. Wir alle sind in Bezug auf das Altwerden verschieden; manche werden früh alt, andere altern später, da greifen keine fixen Pensionierungsgrenzen mehr, egal ob 62, 65 oder 67.«

Unter der gleichen Problematik leidet das Schweizerische Erbrecht von 1912: »Ein Mensch geht das letzte Drittel seines Lebensweges anfänglich oft allein, der Partner oder die Partnerin ist verstorben. Eine neue Gefährtin, ein neuer Gefährte findet sich vielleicht noch für Jahrzehnte. Gemäss dem Erbrecht sind die Nachkommen mit drei Vierteln des Nachlasses pflichtteilsberechtigt, ungeachtet ihres vielleicht der ursprünglichen Familie entfremdeten Lebens. Die neuen Lebensgefährten gehen praktisch leer aus, Legate zu deren Gunsten werden beispielsweise im Kanton Zürich mit einer Steuer von 36 Prozent belastet. Das nenne ich eine völlige Verkennung der gesellschaftlichen Entwicklung, die noch keineswegs in ihrer Gesamtheit erfasst wird. Diese Situation muss sich zwingend ändern.«

Probleme, um die sich die Politik nicht engagiert genug kümmere, stattdessen debattierten die Volksvertreter über einzelne Personen und deren Verhalten im Privaten. »Wenn ich jeweils lese, was im Parlament geschwatzt wird – das könnte ich nicht. Wichtig ist doch – genau wie in einer Gemeinschaft zwischen Mann und Frau –, grosszügig zu sein, Vertrauen zu haben, gross zu denken. Ich mache mir Sorgen um die langfristige Lebenskraft dieses Landes. Vielleicht kann sie wiedererweckt werden in schwierigen Zeiten wie jetzt, vielleicht werden dann gute Kräfte wieder wach. Schwer zu sagen.«

Ein anderes für ihn sehr zentrales Problem, das er ständig mit sich herumträgt, ist immer noch seine ungelöste Nachfolge. Gerne würde er einige seiner jungen Nachkommen in der Familienbank sehen, aber: »Darf ich verlangen, dass sie sich mit dem Unternehmen identifizieren? Ist das noch möglich? Alles hat seine Zeit. Man will immer über Generationen hinaus disponieren. Vielleicht dauert das, was ich jetzt in die Wege leite, wenn es gutgeht, eine Generation. Und vielleicht sollte mir das eine gewisse Unbekümmertheit verleihen.«

Und nach wie vor beschäftigen ihn kleinere, alltägliche Fragen in der Bank. »Haben wir die richtigen Leute für den Ausbau? Viele wirken sehr gut. In Zürich sind sie sehr tüchtig, aber sind sie es auch im Ausland? Man muss immer wieder Risiken eingehen, zusätzliche Risiken. Das ist etwas, das einen nachts oft nicht schlafen lässt.«

Gerade in den letzten Tagen dachte Ehrenpräsident Vontobel wieder einmal darüber nach, ganz Schluss zu machen, den Schlüssel abzugeben. »Viele Leute kommen zu mir, wir diskutieren zur Sache, und dann erzählen sie meist noch von ihren persönlichen Problemen. Davon kann ich mich nur befreien, wenn ich verschwinde. Ich dürfte nicht in Zürich bleiben, aber wohin sonst? Vielleicht nach Brisbane.«

»Warum ausgerechnet Australien?«

»Ich kenne das Land ein bisschen, und klimatisch gefällt es mir in Brisbane gut. Aber: Einen Bungalow kaufen, am Swimmingpool sitzen und schon am Morgen Whisky trinken – das ist der Tod.«

Er vertreibt mit der Hand die brummende Fliege.

»Wissen Sie, in der jetzigen Zeit, da in der Bankenwelt so viel Unsicherheit herrscht, ist es so wichtig, dass ich da bin. Ich sage dann in jedem Gespräch mit unseren Mitarbeitern, dass es uns gutgeht, dass wir solide dastehen und dass sie wissen müssen, dass ich da bin.«

Trotz aller Zweifel, Sorgen und Kritik blickt der Privatbankier zuversichtlich nach vorne: »Ich bin optimistisch wegen unserer Jugend. Im grossen Ganzen sind die jungen Leute, die ich kenne, seriös, sie setzen sich ein und verfolgen ihre Ziele.« Er erwähnt seine Stiftung Lyra, die hochbegabte jugendliche Musiker aus der ganzen Welt, alle zwischen sechs und 24, einmal im Jahr für ein mehrwöchiges Ausbildungslager zusammenbringt, das seinen Abschluss in einem grossen Konzert in der St. Peter Kirche in Zürich findet. »Das Feu sacré dieser jungen Künstler reisst mich mit. Die Jugendlichen tragen nach unseren Begriffen vielleicht ein lausiges Tenü, aber das ist doch gar nicht wichtig. Meine ältere Enkelin lief auch in einer gewissen Phase mit grünen Haaren herum. Ich habe darüber kein Wort verloren. Wenn ich daran denke, was wir seinerzeit alles angestellt haben, wir waren auch nicht besser.«

Den Zweiflern, die Jugendliche nur als Fernsehen konsumierende und prügelnde Rabauken betrachten, hält Hans Vontobel entgegen: »Wir müssen trotz der schlechten Perspektiven immer wieder an die Zukunft glauben.« In einem Gespräch einige Jahre nach Ende des Zweiten Weltkrieges mit dem Vorsitzenden des Robert-Bosch-Konzerns in Stuttgart kamen die Schwierigkeiten zur Sprache, denen jener beim Wiederaufbau des Unternehmens begegnete. Dennoch habe dieser vehement darauf bestanden, optimistisch für die Zukunft zu sein. »Das passte einfach nicht zusammen«, erinnert sich Hans Vontobel. »Doch dann fügte mein Gesprächspartner ganz abgeklärt hinzu: ›Es gibt eine Vernunft in den Dingen. In der Geschichte korrigiert sich immer wieder alles aus sich selbst.‹ Wir können dieser Aussage eine andere Formulierung geben, nämlich dass wir und unsere Zukunft immer in Gottes Hand sind.«

Hans Vontobel klaubt sein Portemonnaie hervor und greift zur Mappe.

»Schicke Tasche –«

»Die ist ganz neu im Einsatz, eine meiner Nichten hat sie mir vor Jahren geschenkt, aber bis anhin war sie mir zu steif.

Die alte hatte ich dreissig Jahre lang, sie war kleiner, handlicher. Alle sagten, ich solle sie endlich wegwerfen. Aber das wollte ich nicht. Ich mag solche alten Dinge. Am vergangenen Montag ist jedoch ein Eisenstück gebrochen, das schon mehrmals repariert wurde und ich habe mich geschnitten. Daraufhin habe ich entschieden: Jetzt ist Schluss.«

Das könnte auch für unser heutiges Gespräch gelten, doch es brennt mir noch eine letzte Frage auf der Zunge.

»Hatten Sie nie Angst vor dem Tod?«

»Einmal, auf dem Rückflug von Bratislava, als das Flugzeug in einen Schneesturm geriet. Oder als wir in Südamerika im Urwald des oberen Orinoco auf einer grossen Waldwiese landen mussten, weil es nur dort Reservekanister gab. Als der Pilot meinte, er sei nicht sicher, ob tatsächlich Flugzeugbenzin drin sei, hatte ich schon Bedenken. Aber sonst, nein, ich hatte nie Angst vor dem Tod.«

»Aber wenn man so nah am Tod steht: Was ist Ihnen in jenem Moment durch den Kopf gegangen? Hatten Sie Panik davor zu sterben?«

»In so einem Moment kommt der animalische Selbsterhaltungstrieb zum Zug. – Ich wollte nie sterben.«

Als wir das Restaurant verlassen, hängen die Wolken viel tiefer und geben den Blick auf einige Bergspitzen in der Ferne frei. Fahrer Jürg Hermann begleitet uns zum Wagen; die Limousine glänzt metallic-dunkelblau im Dunst. Nach unserem intensiven Austausch an diesem Nachmittag kommt mir eine lakonische Bemerkung von Hans Vontobel in den Sinn, warum ein schwarzes Auto für ihn nie in Frage kam. »In einem schwarzen Wagen werde ich einmal meine letzte Reise antreten.«

Mit einem tiefen Atemzug deutet Hans Vontobel auf die grosse Wiese vor dem Restaurant. »Das ist ein richtiger Flugplatz, von dort aus starten kleine Flugzeuge.«

Reisen, unterwegs sein – das gehört zu seinem täglichen Leben. Der Traditionszürcher reist leidenschaftlich gern:

»Ich könnte ja argumentieren, ich bin Schütze, und von diesen sagt man, dass sie gerne reisen. Ich liebe die Schweiz wirklich, aber hie und da empfinde ich es bei uns als ausgesprochen eng. Wenn ich in dieser Stimmung oder körperlich etwas angeschlagen bin, habe ich ein einfaches Rezept zur Hand: Ich verreise, und nach einem Tag ist alles in Ordnung. Oder ich setze mich in ein Flugzeug. Der Höhepunkt ist für mich immer, wenn ich beim Start nach hinten in den Stuhl gedrückt werde. Dann lasse ich alles hinter mir zurück.«

Der agile Senior ist voller Pläne.

»Nächstens gehe ich nach Kiew. Und letzte Woche hatte ich Besuch vom ungarischen Botschafter. Er verabschiedete sich bei mir, weil er nach Aserbeidschan versetzt wurde, wohin er mich gleich einlud. Dort war ich noch nie, und nun habe ich schon wieder einen interessanten Beziehungspunkt. Mal abwarten, ob ich gehe.«

SCHAUPLATZ — 07

»Beim Gegner regnet es auch«

Hans Vontobel über fremde Länder, andere Sitten und sein Vermächtnis

»Wir haben nur noch Ihretwegen gewartet, sonst wären wir schon weg«, begrüsst mich der Privatbankier keck kurz nach acht Uhr, eine Stunde vor Abflug, am Gate A71 des Flughafens Zürich. Die zweitägige Reise führt nach Frankfurt, mit dabei ist der Bereichsverantwortliche aus der Schweiz. Die beiden Vontobel-Herren überfliegen die Schlagzeilen in den Tageszeitungen und diskutieren über die aktuellen Kursentwicklungen an den internationalen Börsen. Nach tagelangen Kurseinbrüchen scheint sich endlich eine Erholung abzuzeichnen. Thema sind auch die Geschehnisse in diesem verrückten Herbst 2008: Lehman Brothers, eine der grössten US-Investmentbanken, ging pleite. Ebenso wäre es dem Versicherungskonzern AIG ergangen, hätte nicht die amerikanische Regierung eingegriffen. Bei der Diskussion zeigt sich: Schnelle, haarscharfe Analysen sind bis heute das Markenzeichen des Bankiers. Und ebenso kritische Fragen. »Lehman Brothers ist ein ehrwürdiger Name mit einer ganz besonderen Tradition. Aber ich glaube, man darf sich bei solch schwerwiegenden Ereignissen nie an Namen und Persönlichkeiten festklammern, sondern muss umgehend fragen, was grundsätzlich falsch gelaufen, was passiert ist. Oft wird diese Frage zu wenig gestellt.« Was dazu führt, dass Fragen wie die nach der maximalen Grösse von Banken, oder die Gefahr des Klumpenrisikos innerhalb der Banken sowie innerhalb einzelner Länder und die Grenzen, die der Mensch setzen sollte, seiner Ansicht nach zu wenig gründlich thematisiert werden. Der Tatsache, dass reine Investmentbanken in den USA nicht vom Staat unterstützt werden, schenkt er ein müdes Lächeln: »Man glaubte noch in nicht allzu ferner Vergangenheit, diese Trennung sei das Ei des Kolumbus. Und nun gibt man das Signal: Zurück auf Feld eins.«

Noch warten wir in unseren Plastiksesseln auf das Zeichen zum Einsteigen. Die Lautsprecherdurchsage informiert, dass sich der Start wegen Nebels um eine Stunde verzögern wird.

Zu mir gewandt fährt Hans Vontobel fort: »Mich haben die Vorkommnisse der letzten Woche persönlich eigentlich mehr belastet, als ich gedacht habe.«

»Interessant, dass jemand mit Ihrem Erfahrungsschatz davon so erschüttert wird.«

»Jede Finanzkrise, in der man gerade steckt, ist die schlimmste. Ich habe früher geglaubt, man werde zum Routinier, denn ich habe schon eine grosse Anzahl von Finanzkrisen erlebt. Das ist nicht der Fall, man wird nicht zum Routinier. Jede Finanzkrise ist wieder etwas anders geartet. Und es ist auch nicht so, dass man als älterer Bankier abgehärtet ist. Ich möchte sagen, man wird eher sensibler für solche Entwicklungen. Aber eben, auch wenn ich es äusserlich kaum gezeigt habe, die jetzige Krise ist tiefer und nachhaltiger als andere, dauert länger als erwartet, und sie ist selbst an mir nicht spurlos vorbeigegangen. – Am letzten Sonntag wanderte ich jedoch wieder dreieinviertel Stunden im Zürcher Oberland, Treppe rauf und Treppe runter, und dann war alles weg. Zudem sass ich auf einer Bank, um ein paar ältere Leute, die geruhsam ein Picknick genossen, zu beobachten. Die leben in einer so friedlichen Welt, und daran wollte ich ein bisschen teilhaben.«

Die brennendste Frage in dieser geschäftlichen Situation für Hans Vontobel: Kommt es womöglich zu einer Panik und »ist eine Bank in der Lage, einer solchen standzuhalten?« Er wisse, dass es »seiner« Bank gemessen an vielen anderen gutgehe, »aber in meiner Sorge, dass man etwas übersieht, muss das Credo für alle lauten: Im Moment zählt nur eines, und zwar die Liquidität.« Sein grosses Anliegen ist, dass – wie bereits im März –, immer ein Maximum an Liquidität bereitsteht, um darauf eingestellt zu sein, falls die Kunden aus irgendwelchen Gründen ihre Gelder zurückverlangen. »Milliarden quasi herumliegen zu lassen, das kostet viel Geld. Aber man muss eben immer auch in negativen Szenarien denken.«

Er ist sich bewusst, dass diese sehr engagierte Haltung nicht unbedingt typisch für einen Ehrenpräsidenten ist. »Aber die Gedanken mache ich mir trotzdem.«

»Sie sind ein prominenter Anbieter von strukturierten Produkten – wie sehr sind Sie vom Konkurs von Lehman Brothers betroffen?«

»Diese Frage habe ich den Fachleuten im Haus auch gestellt. Ich glaube, dass wie keine Lehman-Produkte aktiv verkauft haben. Aber wir hatten wohl einzelne in unseren Kundendepots – das ist beinahe unvermeidlich, wenn sie weltweit tätig sind. Es handelt sich jedoch um einen geringen Prozentsatz. Vielleicht war das unsere Klugheit – oder sagen wir das fundiertere Wissen. Aber ganz ehrlich, das Glück spielt immer auch eine Rolle.«

Der Herr mit Lodenmantel und Stock – »ich habe ihn, glaube ich, von meinem Vater geerbt« – steuert zielstrebig und fast im Eiltempo auf den Bus zu, der uns zum Flugzeug bringt.

Genussvoll lässt er sich beim Start in das Rückenpolster pressen, schätzt während des Flugs das Birchermüesli und die aufmerksame Bedienung. Mit dem um fast fünfzig Jahre jüngeren Mitarbeiter will er das Tagesprogramm besprechen: »Also, was haben Sie vor mit mir? Ich habe von Ihrem Kollegen in Frankfurt viel Papier erhalten, aber Sie wissen ja, ich bin kein Freund von viel Papier.« In Frankfurt wird Hans Vontobel den neuen Niederlassungsleiter kennenlernen und mit den rund zwanzig Angestellten bei einem gemeinsamen Mittagstisch über das Bankgeschäft diskutieren. Am Abend hält er im Schweizerisch-Deutschen Wirtschaftsclub den Vortrag »Die Schweizer Banken im neuen Umfeld«. Hans Vontobel blättert nochmals im Manuskript. Er, bekannt für seine freien Reden, überlegt: »Ich weiss noch nicht, ob ich es einsetze. Das entscheide ich jeweils ganz spontan.«

Der knapp fünfzigminütige Flug verläuft völlig ruhig. In der Main-Metropole erwartet uns ein bedeckter Himmel, den der Blick des Seniors nur kurz streift, bevor er in den wartenden Bus einsteigt. Während des Transfers verwickelt ihn sein Sitznachbar gleich in ein Gespräch.

»Das war ein Kunde von uns«, freut er sich.

An Erinnerungen an Frankfurt fehlt es nicht. Während uns ein leitender Mitarbeiter der Niederlassung, der uns am Flughafen erwartet hat, in die Innenstadt fährt, erzählt Hans Vontobel: »Wenn man nach dem Krieg nach Berlin wollte, musste man über Frankfurt fliegen. Beim Umsteigen musste man mit Überraschungen rechnen, hatten doch damals die grossen amerikanischen Konzerne immer kurzfristig Priorität auf alle Plätze. So musste ich eines Tages unplanmässig in einem kleinen Frankfurter Hotel, eine umfunktionierte Villa, übernachten. Den andern Fluggästen mit demselben Schicksal und mir wurde im Keller das Abendessen serviert. Da erfuhr ich von meiner Tischnachbarin, sie hätte schon in Zürich Pech gehabt, habe sie doch dort den Bankier Hans Vontobel besuchen wollen und nicht angetroffen.«

Frankfurt mauserte sich in den 1950er und 1960er Jahren zum zentralen Bankenplatz im Nachkriegsdeutschland, Berlin mutierte zu einer reinen Beamtenstadt. »Man sagte allerdings: Alle guten Bankiers kommen aus Berlin. Die heutige Deutsche Bundesbank hauste damals unter dem Namen Bank deutscher Länder noch in primitiven Baracken.« Unvergessen bleibt Hans Vontobel die Jubiläumsfeier der Deutschen Bank. »Gastgeber Hermann Abs, damals der ›grosse Mann‹ in der Bankenszene, imponierte mir; an der grossen Feier harrte er am Eingang aus und schüttelte jedem Besucher persönlich die Hand.«

Die Verbindung zu Deutschland, insbesondere zu Frankfurt, brachten der Bank Vontobel regelmässig gute Geschäfte ein. »Eines Morgens erhielt ich einen Telefonanruf aus Frankfurt mit der Aufforderung, sofort zum Vorsitzenden einer der grossen Banken zu kommen, was ich am gleichen Nachmittag tat. Der Mann an der Spitze eröffnete mir, dass nach seinem Wissen die Bank deutscher Länder in wenigen Tagen drei deutschen Finanzinstituten die Bewilligung erteilen werde, deutsche Auslandbonds gegen freie Devisen zu kaufen – also Obligationen, auf die schon lange keine Zinsen mehr gezahlt wurden, die im Ausland zirkulierten und in der Nachkriegszeit günstig zu haben waren. Er wolle mit seiner Bank der Erste sein, ich möge nach meiner Rückkehr sofort alles erhältliche ›Material‹ kaufen, was ich dann getan habe. Es waren gute Tage.«

»Warum rief der Mann von jener deutschen Grossbank ausgerechnet Sie an?«

»Er kannte meinen Vater gut. Sie haben oft zusammen Golf gespielt.«

Während wir am Frankfurter Hof vorbeifahren, merkt der Privatbankier schelmisch an: »Zu meiner Zeit war dieser Platz von Damen bevölkert, die keine Damen waren.«

Im Frankfurter Büro entdecke ich im Entrée als Erstes ein Porträt des Seniors in grünblauen Aquarell-Tönen. Dieser meint – meinem Blick folgend: »Der grosse Bruder hört immer mit!«

Die jungen Mitarbeiter schütteln dem Patron die Hand; dieser stellt mich mit den Worten vor: »Das ist Frau Giger. Sie hat mich dieses Jahr – ich wollte sagen – verfolgt, aber eigentlich bin ich derjenige, der sie belagert. Sie schreibt ein Buch über mich, und sie weiss mehr, als mir lieb ist.«

Wir werden in ein grosses Zimmer geführt, die Tische bilden eine Kreisform, so dass alle Hans Vontobel sehen, wenn er während des Mittagessens zu ihnen spricht. Meist beginnt er mit einem persönlichen Erlebnis, seinem Bezug zum Land oder zur Kultur. An diesem Montagmorgen erzählt er auf Hochdeutsch, dass seine Mutter deutscher Abstammung war; manchmal grüsst er gar mit: »Liebe Vontobel-Familie ...«. Das ›Familien-Oberhaupt‹, dem eine familiäre Atmosphäre sehr wichtig ist, spürt sofort, dass die Stimmung noch etwas angespannt ist. Mit einem deutlichen Blick nach rechts, einem nach links – seine Tischnachbarn sind die beiden Herren aus der Führungsetage – erzählt er von der kürzlich erfolgten Einladung des Abts von Einsiedeln. »Beim Essen sagte ich: Der Nachrichtendienst funktioniert offensichtlich bis nach Einsiedeln und alle schauten mich fragend an. Ich antwortete: Ich habe bei Tisch immer links und rechts von mir eine hübsche Frau!« Prompt hat er die Runde im Griff, bei der anfangs mehr Höflichkeit als Begeisterung spürbar war.

Dann wird er ernst, was auch an seiner Miene abzulesen ist, und spricht über das Geschäft, über Strategie und Organisation. Er schildert seine Beobachtungen zur Entwicklung Deutschlands und erwähnt, wie wichtig ihm die Förderung der Frauen in der Bank ist. Die Zuhörerschaft, anfangs scheu, verkrampft und von den Sorgen der aktuellen Finanzkrise gezeichnet, bringt sich nun ein und stellt Fragen: Werden sich die Werte verändern? Wie geht es weiter? Wie kann man mit dieser Krise umgehen? Hans Vontobel erzählt Episode um Episode, streut Erfahrung um Erfahrung ein. Er will aufzeigen, dass eine Reduktion auf das viele Zahlenmaterial nicht genügt, sondern der Mensch immer einbezogen werden muss. Und er ruft einmal mehr auf, genau zu unterscheiden, was wichtig ist und was nicht: »Eigentlich sind nur ganz wenige Dinge im Leben wichtig.« Weiterhin legt er den jungen »Vontoblern« die Pflege vielseitiger Interessen ans Herz: »Die humanistische Grundausbildung ist eine wichtige und grosse Hilfe. Wehe dem, der nur für seine berufliche Karriere lebt! Wir brauchen in dieser raschlebigen Zeit dauernder Wendungen eine breite Basis, eine religiöse Verwurzelung. – Ich bin an einer Diskussion mit litauischen Studenten an der Universität von Kaunas gefragt worden, welches mein Erfolgsrezept sei. Ich antwortete zuerst mit der Gegenfrage, was eigentlich Erfolg bedeute, und fügte bei, die Jungen hätten sich, nicht zuletzt im Hinblick auf die spätere Pensionierung, frühzeitig viele Interessen zu schaffen.« Und er wirft die Frage auf: »Gefährden wir diese Entwicklung nicht, wenn wir anscheinend geneigt sind, die Kinder schon im Vorschulalter auf den späteren Werdegang einzuspuren?«

Die Angestellten, deren Augen vor wenigen Minuten noch nervös von Computer zu Computer huschten, das Schrillen der vielen Telefone im Hintergrund ausblendend, und die empörte Kunden zu beruhigen hatten, sitzen ganz still und hören aufmerksam zu. Sie sind gefesselt von seiner Gabe, sie für eine Weile mit seinen Erzählungen aus ihrem Alltag herauszulocken.

»Offen gestanden«, fährt der Senior fort, »bin ich besorgt, dass wir diese Baisse zu schnell vergessen und unsere Werte nicht überdenken. Wenn wir uns nicht bewusst werden, wie wichtig Fleiss, Demut, Integrität, Zuverlässigkeit und Seriosität sind, dann sind wir in fünf Jahren wieder gleich weit. Und irgendwann macht die Gesellschaft das nicht mehr mit. Wir sind immer Teil eines Ganzen und sollten auch entsprechend verantwortungsbewusst handeln.«

Die junge Generation saugt gebannt die Erfahrungen des Grandseigneurs der Schweizer Bankenwelt auf. »Mein Motto im Leben lautete immer: ›Trotzdem.‹ Im Militär gab mir einmal ein Kommandant, den ich verehrte, weil er auch Philosophisches im Kopf hatte und nicht nur das Militär, folgenden Spruch mit auf den Weg: ›Beim Gegner regnet es auch.‹ Das hilft mir bis heute. Und schliesslich sage ich immer wieder, ein guter Unternehmer ist seiner Sache nie ganz sicher, er zweifelt stets ein bisschen an sich selbst, sucht die Zeichen der Zeit zu verstehen und zu deuten. Mir persönlich hilft dabei meine angeborene Neugier.«

Kurze Pause, ein intensiver Blick in die Runde: »Man muss stets etwas Neues ausprobieren, deshalb ertrage ich es nicht, wenn man mir zu verstehen gibt: ›Wir haben das und das immer so gemacht.‹ Dann bekomme ich einen roten Kopf.«

Er spricht hochkonzentriert, mit leiser Stimme, und strahlt eine Mischung aus Wärme und Autorität aus.

»Biographien historisch herausragender Persönlichkeiten beweisen, dass jedermann seine Schattenseiten hat und selbst der Grosse auch seine ganz ausgesprochenen Schwächen. So las ich jüngst ein vom emeritierten Medizin-Professor Franz Nager verfasstes Buch über Johann Wolfgang von Goethe, das erschütternde Schwachstellen in dieser einmaligen Persönlichkeit aufzeigt. Oder nehmen Sie die Verzweiflung des George Washington, der sich in den Befreiungskriegen von den Engländern nach einem an bitterkalten Weihnachtstagen erfochtenen Sieg vorübergehend von den eigenen Truppen – es waren alles Freiwillige – verlassen glaubte: Wir sind alle nur Menschen, was einmal mehr bestätigt wird. Und wie stark wir sind, zeigt sich, wenn wir ganz unten sind.«

Keiner wagt ein Wort, das Schweigen ist jedoch nicht unangenehm, die Gesichter der Zuhörer spiegeln ein nachdenkliches Berührtsein von den Worten des charismatischen Schweizer Gastes.

»Gibt es noch Kaffee?«, bricht Vontobel die Stille und erhält von seinem Tischnachbar ein bestätigendes Nicken. »Na, dann los!«

Die Mitarbeiter im Frankfurter Büro kehren lächelnd an ihren Arbeitsplatz zurück, sie strahlen Zuversicht und Energie aus. Eine Stunde in der Gegenwart ihres Patrons hat sie sichtlich verzaubert.

Im Taxi Richtung Hotel vertraut mir Hans Vontobel an: »Heute waren viele neue Mitarbeiter dabei – wenn ich mich nicht täusche, etwa zwei Drittel. Wenn es uns nicht gelingt, eine gewisse Stabilität hineinzubringen, dann sind wir auf dem falschen Weg.«

Drei Stunden später nimmt der Zürcher Privatbankier am Apero des Schweizerisch-Deutschen Wirtschaftsclubs teil. Gegen hundert Mitglieder aus Politik und Wirtschaft haben sich im Le Méridien Parkhotel Frankfurt eingefunden, um von Hans Vontobel zu erfahren, wie er die Rolle der Eidgenossen in der aktuellen Finanzsituation beurteilt. Zuerst thematisiert er das, was allen unter den Nägeln brennt. »Was den sieben Baissen, die ich erlebt habe, gemeinsam ist, sind zwei Ursachen: das Überschätzen der eigenen Möglichkeiten und das sogenannte Klumpenrisiko, das eine vernünftige Verteilung der Risiken ausser Acht lässt. Anders als in früheren Krisen haben diesmal – und vielleicht schon in der Krise von 2001/02 – noch andere grundlegende Faktoren entscheidend mitgespielt: Die sogenannte Globalisierung und der Glaube an die Zahl, verbunden mit Zeitmangel.«

Er steht aufrecht am Stehpult, liest dieses Mal mehr oder weniger ab, und lässt gelegentlich eine persönliche Bemerkung einfliessen.

»Das Debakel bei den beiden Schweizer Grossbanken lässt sich nicht verallgemeinern. Der breite Kreis an Kantonal- und Regionalbanken, ebenso der eigentlichen Privatbanken, ist nicht oder nur geringfügig betroffen. (...) Neue Banken, auch in der Rechtsform der Personengesellschaft, wachsen heran und tragen zur Vielfalt des schweizerischen Bankensystems bei.« Und schliesslich greift er die Beziehung zu Deutschland auf: »Begleiten wird uns weiterhin das Verhältnis zur EU, das mit ihr geltende Zinsbesteuerungsabkommen, aber auch ganz allgemein die Diskussion um das Bankgeheimnis. Die Schweiz anerkennt seit alters die Privatsphäre des Individuums. Zur Geheimsphäre des Einzelnen gehört dessen finanzielle Situation. In den Jahren der Hitler-Ära stand in Deutschland auf dem sogenannten Devisenvergehen die Todesstrafe. Niemand ausserhalb jenes Regimes nahm Anstoss am schweizerischen Bankgeheimnis. Auch heute scheint der Schutz der Privatsphäre in Deutschland weniger ausgeprägt zu sein; so wäre bei uns die inszenierte Verhaftung des ehemaligen Post-Chefs Klaus Zumwinkel unter dem Verdacht der Steuerhinterziehung nicht möglich gewesen. Wenn Geld ins Ausland abwandert, liegen nicht nur steuerliche Überlegungen zugrunde. Die Rechtssicherheit und die Stabilität der Währung haben von jeher eine grosse Rolle gespielt. Es tritt gerade in diesen Monaten – so will mir scheinen – der Wunsch mancher Deutscher hinzu, für sich und ihre Familien in einem Land mit relativ liberalem Rechtsempfinden eine neue Heimat aufzubauen. Aus keinem Land erfolgt zurzeit eine so grosse Immigration wie aus Deutschland. Die Schweiz ist für unseren nördlichen Nachbarn mit 23 000 Personen im Jahr 2007 das Auswanderungsland Nummer eins.«

Diese Zahlen beeindrucken die Zuhörer, ein deutlich vernehmbares »Oh« zieht durch die Reihen.

»Das Verhältnis Deutschland-Schweiz war immer ein besonderes. In nachbarschaftlichen Beziehungen zwischen grossem und kleinem Staat schwingt stets eine Ambivalenz mit. Das wird auch so bleiben. Wenn wir schon die gleiche Sprache sprechen, sollten wir vermehrt lernen, uns zu verstehen, uns nicht drängen lassen in innenpolitischen Überlegungen, uns freizuhalten von Druckmitteln, die auf der

Gegenseite zu starken Emotionen führen. Das Thema der unversteuerten Konti verliert übrigens an Gewicht, denn die jüngere Generation ist von anderen Erfahrungen geprägt und misst inoffiziellen Konten weniger Bedeutung bei.«

Hans Vontobel beschliesst sein Referat mit den Aufzeichnungen über den Schweizer Staatsmann Alfred Escher, der als knapp 30-Jähriger höchste politische Ämter bekleidete und sich anschliessend dem Aufbau der schweizerischen Wirtschaft, vor allem der Eisenbahnen, der Banken und der Versicherungen widmete. »Ich habe an dieser hervorragenden Persönlichkeit bestätigt gefunden, dass sich unsere Stärke in der Bedrängnis zeigt. Und aus dieser Einstellung heraus glaube ich an die Zukunft meines Landes und hoffe sehr für das Ihrige.«

Beim anschliessenden Abendessen wollen Anwälte, Wirtschaftsprüfer und weitere Unternehmer Vontobels Argumente mit ihm vertiefen. »Ich verfolge die Entwicklung Ihres Landes mit liebender Besorgnis. Mir scheint, dass Deutschland immer mehr zum Beamtenstaat wird«, äussert er sich gegenüber dem einen Gesprächspartner. Einem anderen erzählt er von seiner Zeit als Präsident der Handelskammer Deutschland-Schweiz (1967–1985): »Die wechselseitigen Besuche der beiden Handelskammern waren beim gemeinsamen Mahl oft von Tischreden begleitet, in denen man sich gegenseitig neckte und vermeintliche Schwachstellen vorhielt. Ich brachte jeweils in die Diskussion ein, dass schliesslich 1914, zu Beginn des Ersten Weltkrieges, jeder vierte Einwohner Zürichs ein Deutscher war, wovon sich ein grosser Prozentsatz später einbürgern liess.«

Erst gegen Mitternacht ist das Tagesprogramm erledigt. Unser nächster Treffpunkt: Frühstück um 7.30 Uhr.

Hans Vontobels Tag begann schon zwei Stunden zuvor. Er hat bereits die Tageszeitungen gelesen. Auf dem Weg zum Flughafen greifen wir nochmals die Themen »Bankgeheimnis« und »Steuerhinterziehung« auf.

Nach den Ermittlungen der US-Steuerfahnder und dem Prozess gegen die UBS, deren Verantwortliche angeblich geholfen haben, Geld vor dem Fiskus zu hinterziehen, ist für Hans Vontobel klar: »Eine Konsequenz aus dieser ganzen Entwicklung wird sein, dass unversteuerte Konti in Westeuropa sukzessive verschwinden. Das Offshore-Business wird weiter bestehen, aber für Westeuropa ist die Zeit der nicht versteuerten Konti langfristig vorbei. Wir sind zum Beispiel seit einiger Zeit im nahen Ausland tätig und bauen dort unser Geschäft sehr gründlich auf – alles mit Bewilligung. Aber man wird als Bank beim Aufbau in einigen Ländern schon sehr behindert.«

Dennoch ist der Privatbankier davon überzeugt, dass die Schweiz am Bankgeheimnis festhalten wird. »Das Bedürfnis dafür besteht auch in Zukunft, denn selbst heute kann es politische Situationen geben, in denen das Bankgeheimnis nach wie vor wertvolle Dienste zum Schutz der Privatsphäre leisten kann. Vielleicht muss die Schweiz künftig einige Kompromisse eingehen, wie zum Beispiel beim Zinsbesteuerungsabkommen mit der EU. Dieses müsste ausgedehnt werden, so dass auch Dividenden besteuert werden.« Zudem zweifelt er daran, dass die Unterscheidung zwischen Steuerbetrug und Steuerhinterziehung noch haltbar ist. »Das kennt man im Ausland nicht. Beides gilt dort als kriminell und beides wird dort gleichermassen bestraft. Das werden wir wohl auch innert kürzester Zeit tun müssen.«

Unser Gespräch wird von Kontrollen unterbrochen: Jacke aus, Jacke an, Gürtel aus, Gürtel an – keinem der Grenzbeamten käme es in den Sinn, dass der zügig vorwärtsstrebende ältere Herr über 90 Jahre alt ist. Dutyfree und Restaurants lässt Hans Vontobel unbeachtet links liegen, ihn zieht es direkt zum Gate.

»Oft wird behauptet: ›Geld stinkt‹ – in welchen Momenten oder Situationen trifft dieser Ausdruck Ihrer Meinung nach zu?«

»Geld stinkt nicht. Sie wissen sicher, woher dieser Ausdruck kommt. Das ist die Übersetzung von: Pecunia non olet. Im alten Rom wurde von Kaiser Vespasian eine Steuerabgabe für die öffentlichen Latrinen erhoben, um die Staatskassen zu füllen. Denjenigen, die opponierten, dass man für eine so unappetitliche Sache Steuern zahlen muss, trat er mit diesem Satz entgegen. Doch um auf Ihre Frage zurückzukommen: Geld ist an sich neutral. Aber es kommt darauf an, wie man es erworben hat und wie man es ausgibt.«

»Gab es denn Momente, in denen Sie hin- und hergerissen waren, ob Sie ein Geschäft tätigen sollten oder nicht?«

»Nehmen Sie zum Beispiel irgendeinen höheren Funktionär aus dem Ostblock, der ein Konto mit Euro oder Dollar eröffnen will. Man erkundigt sich über ihn bei vertrauenswürdigen, seriösen Stellen und erhält die Auskunft, dass nichts Negatives über die Person verzeichnet ist. Was soll man also tun? Sehr vieles, das bei uns sonnenklar ist, ist dort nicht der Fall. Soll man also nein sagen? Ähnlich problematisch ist es mit Konten für bekannte Staatsmänner. Der Grund: Früher oder später kann es Scherereien geben. Wenn die nicht mehr gewählt werden, heisst es in der Presse, die haben ein Konto bei der Bank Vontobel. Dann kann man nicht argumentieren: Man habe nach gutem Treu und Glauben gehandelt.«

Die Lautsprecher verkünden das bevorstehende Boarding, die Groundhostess gibt das Zeichen zum Einsteigen. Hans Vontobel überlässt mir seinen bevorzugten Fensterplatz. Die Maschine rollt zur Startbahn, der Kapitän gibt Schub und wir werden in die Polster gepresst.

Seit Jahren verbringt Hans Vontobel jeden Monat einige Tage im Ausland – geschäftlich oder privat: »Vielleicht ist dies eine Kompensation für die Isolierung im Zweiten Weltkrieg, vielleicht entspricht das auch meiner angeborenen Neugier oder meinem gelegentlichen Empfinden, dass mir Zürich doch auf die Dauer allzu viel Seldwyla bedeutet.«

Sein erster Flug führte ihn 1932 von Berlin nach Zürich. »Damals war noch eine Zwischenlandung in Stuttgart nötig. Mir war sterbensübel.« Ausgangspunkt für die Auslandsflüge war anfänglich Dübendorf, und mit einem Besuch in Dübendorf machte der junge Vontobel auch ein grosses Geschenk: »Meine alte, ich glaube um 1865 geborene Grossmutter wünschte sich zum Geburtstag, einen Flugplatz mit Flugverkehr zu erleben. Diesen Wunsch erfüllte ich ihr.«

Anfangs der 1950er Jahre begann der Juniorchef mit Überseereisen. Zuerst nach Süd- und Mittelamerika, in einer zweiten Etappe nach Asien und schliesslich nach Osteuropa und Russland. Zu Beginn der 1960er Jahre wurde er von der Schweizer Botschaft in Warschau zu einem Vortrag eingeladen. Dort packte ihn das Osteuropa-Fieber. »Mich beeindruckte dieses Gebiet, ich wollte die dortigen Gewohnheiten und Mechanismen kennen- und verstehenlernen, Kontakte knüpfen und pflegen.« Erst Mitte der 1980er Jahre – mit der langsamen, politischen Öffnung – wurden diese Kontakte auch für seine Bank relevant. Osteuropa gehört heute für Vontobel neben Deutschland und Österreich zu den wichtigsten Auslandmärkten im Privatkundengeschäft.

Wenn immer Hans Vontobel auf Reisen geht, plant er Treffen mit Kunden und Verantwortlichen im Finanzbereich wie auch in der Regierung. Ein Vortrag an den Universitäten der entsprechenden Länder ist für ihn eine Pflicht, der er mit Freude nachkommt: »Ich möchte das falsche Bild der freien Marktwirtschaft korrigieren, und es macht mir Spass, mit den Jungen zu diskutieren.« Für dieses Engagement wurde er mehrfach ausgezeichnet: der Orden der Freundschaft der Russischen Föderation, das Ritterkreuz der Republik Ungarn, der Ehrendoktor der ökonomischen Fakultät der Universität Bratislava sind nur einige der vielen Palmares. »Fragen Sie mich nicht, wo diese Orden liegen. Ich weiss es nicht genau, wahrscheinlich in irgendeiner Schublade. Letzthin wurden für einen Vortrag alle meine Aufzeichnungen aufgelistet. Ich wusste gar nicht, dass es so viele sind – da ist nicht nur das Deutsche Verdienstkreuz mit Brillanten darunter. Aber solche Dinge sagen mir nicht viel.«

Zu jeder Reise gehört auch ein kultureller Teil, wie der Besuch von Opernhäusern und Galerien. Und manchmal findet er sich an aussergewöhnlichen Stätten wieder, die seine ungebrochene Neugier auf Entdeckungen für ihn bereithält.

»In Odessa besuchte ich vor ein paar Jahren ein Frauenkloster. Ich durfte etwa eine Stunde mit der Äbtissin Gedanken austauschen. Am Schluss fragte ich sie: ›Darf ich Ihnen eine persönliche Frage stellen? Was bedeutet für Sie Glück?‹ Sie antwortete: ›Harmonie und innerer Frieden‹, und fragte mich dann: ›Darf ich auch eine persönliche Frage stellen. Wollen Sie mein Zimmer sehen?‹ Da sagte ich natürlich ja. Als ich eintrat, sah ich auf ihrem Bett eine Katze schlummern. Das zeigte mir, dass jeder Mensch Zärtlichkeit und Wärme braucht.«

»Lebenslanges Lernen als Lebenselixier« lautet nicht nur einer seiner Vortragstitel, Hans Vontobel trinkt selbst auch das Wasser, von dem er predigt.

»Die Gastfreundschaft der Argentinier hat mich bleibend beeindruckt. Und ein Rückflug von Irkutsk am Baikalsee nach Moskau während sechseinhalb Stunden über Wälder und Flüsse demonstrierte mir schlagartig, wie sinnlos es ist zu glauben, man könne solche unerschlossene Territorien in einem Krieg erobern.«

Viele Orte und Länder hat der Rastlose bereist, dennoch blieben einige Wunschdestinationen – bisher – unbesucht. Im Sommer 2008 stand endlich Siebenbürgen in Rumänien auf seinem Programm. »Das war eine meiner fixen Ideen. Es gibt Sachen, die ich einfach mal sehen möchte.« Ein Jahr zuvor besuchte er Bukarest und erfuhr dabei, dass ein Mittelstand entsteht und es dem Land immer besser geht. Nun wollte er sich ein Bild von den Menschen auf dem Land machen. »Ich kam mit gemischten Gefühlen zurück. Draussen auf dem Land geht es vielen schlechter als zur Zeit des Kommunismus. Zudem trifft man dort auf Hass – zum Beispiel gegenüber den Nachbarn in Ungarn. Davon hört man nichts bei uns.«

Nachdenklich fährt er fort: »Die Begegnung mit Menschen auf dem Land hat mir wieder einmal bewiesen, dass viele Banker falsch liegen, wenn sie sich nur auf die Finanzmetropolen konzentrieren und die Menschen eines Landes, ihre Sorgen, Probleme und Wünsche ausser Acht lassen. Wäre ich heute im Vorstand unserer Branchenverbände, würde ich auf folgendes Wert legen: Märkte kennenlernen, hinausgehen und Kundenkontakte pflegen. Und natürlich auf Ausbildung, das ist sehr entscheidend.«

»Oh, Sie haben eben von Bankern gesprochen …«

»Tja, heutzutage sind fast alle Banker.«

»Und die Bankiers, was ist mit denen?«

»Es gibt schier keine Bankiers mehr, sofern wir dasselbe darunter verstehen. Einen, den ich als Bankier betrachte, ist mein Konkurrent Hans Bär. Er ist ein Monsieur, viele andere sind nur noch Funktionäre.«

Übrigens: Aus Siebenbürgen brachte er neben diesen Eindrücken auch eine Magendarm-Grippe mit nach Hause, »obwohl ich meist nur Gulasch ass und Whisky trank«.

Zu seinem 90. Geburtstag erfüllte er sich einen weiteren Lebensreisetraum: Hans Vontobel verbrachte eine Nacht in der Sahara. Zwar kam in jener Nacht ein starker Sturm auf, Sand peitschte ins Gesicht, ins Zelt, in den Schlafsack. »Das war nicht besonders angenehm, das Atmen fiel schwer, schlafen konnte ich kaum – überall Sand. Aber das gehört halt dazu.« Hingegen schwärmt der elegante Vagabund von den Farben Marokkos, den leuchtenden Rot-, Orange- und Gelbtönen.

Wir verlieren an Höhe, Zürich liegt vor uns, näher rücken die zu Hause gebliebenen Sorgen.

»Wissen Sie, mit dem Alter wird man vielleicht sensibler. Ich empfinde eben sehr – je grösser der Betrieb wird – die wachsende Verantwortung. Es sind nicht nur rund 1300 Mitarbeiter, sondern so und so viele Familien, Tausende von Kunden, die an uns glauben. Ich fühle mich zutiefst verpflichtet, ihrem Vertrauen gerecht zu werden.«

Dass er sich in diesem Alter noch dieser Belastung aussetzt, gibt ihm zwar zu denken: »Aber ich kann das Boot jetzt nicht verlassen. Das ist nicht meine Art. Ich frage mich manchmal, ob mein Sohn es mit seinem klaren Ausstieg nicht besser gemacht hat. Aber wenn ich jetzt gehen würde – wohin?«

Der alte Mann und »seine« Bank …

»Herr Hermann, da haben Sie eine schöne Hausse angerichtet, während wir in Frankfurt waren«, begrüsst Hans Vontobel seinen Fahrer, der daraufhin herzhaft lacht. Zürich empfängt uns in goldenen Herbstfarben; kurz vor der Voltastrasse etwas zögerlich die Frage: »Frau Giger, soll ich mir nun einen freien Nachmittag mit Sauna gönnen oder lieber ins Büro?«

»Ist denn Müssiggang nicht aller Laster Anfang …?!«

»Stimmt, da schlagen Sie mich mit den Worten meiner Eltern. Meine Generation wurde so erzogen, dass man ein schlechtes Gewissen bekommt, wenn man nichts tut. Diese Disziplin ist zwar eine Stärke, sie bedeutet aber gleichzeitig auch eine Schwäche: Zu wenig den schönen Augenblick leben können. Aber man muss darüber hinwegkommen und sehen, wie reich das Leben ist.«

»Dann geniessen Sie doch den schönen Nachmittag.«

•

Zwei Wochen später: Kongresshaus Zürich. Ich finde ihn inmitten von Menschen im ›Kreativen Alter‹. Bereits am Vormittag beginnt der grosse Tag seiner gleichnamigen Stiftung, die alle zwei Jahre stattliche Preise vergibt. Heute werden bereits zum neunten Mal Seniorinnen und Senioren – Mindestalter 65 Jahre – für ihre kreativen Arbeiten geehrt.

»Ich empfinde mich als kleinen Teil einer grösseren Gemeinschaft, wenn ich diesen oft missbrauchten Ausdruck verwenden darf. Ich gehe mit offenen, neugierigen und kritischen Augen durch die Welt und sehe manche Nöte und Bedürfnisse, die mir nicht gleichgültig sind. Es ist mir im Leben zumeist gutgegangen, ich möchte mich dem Schicksal dankbar erweisen«, erläutert er sein Engagement.

Zwischen 600 und 900 eingereichte literarische, wissenschaftliche und musikalische Arbeiten werden von ausgewiesenen Experten geprüft. Auch aus dem Ausland sind interessante Werke eingegangen, getreu dem Motto des Stiftungsgründers: »Bei keiner meiner Stiftungen ist das Wirkungsfeld auf die Schweiz begrenzt. Wir sind eine offene Gesellschaft, und darum darf unser Engagement nicht an der Landesgrenze enden.« Die zwölf Besten und ihre Lebensgefährten sind heute zum Mittagessen mit den Stiftungsratsmitgliedern eingeladen und werden an der anschliessenden Feier den Check über je 10 000 Franken entgegennehmen.

Phototermin, den Preisgekrönten gratulieren, Kaffee und Kuchen mit ihnen teilen, Hans Vontobel hält für jeden Gast ein persönliches Wort bereit – er ist ganz in seinem Element.

»Sie sind ja alle noch so jung!«, scherzt er. »Am stärksten ist die Beteiligung aus der Altersgruppe 75 bis 80 Jahre.« Und zu einem Kollegen aus dem Stiftungsrat: »Die bisher älteste Preisträgerin war allerdings 97 Jahre alt. Wir haben also noch etwas Zeit!«

Nach dem persönlichen Teil beginnt die grosse öffentliche Feier im bis auf den letzten Platz besetzten Gartensaal. Und es ist kein Geringerer als Hans Vontobel – in seinem zehnten Lebensjahrzehnt –, der eloquent durch den zweistündigen Anlass führt.

Das Vokalensemble Six in Harmony eröffnet die Zeremonie, dann übernimmt der Gastgeber und beginnt mit einer Schilderung aus seinem Erfahrungsschatz.

»Mich beeindruckte vor einigen Jahren ein Lehrer aus Oltingen, Kanton Baselland, der seine Freizeit dem Leben des Mauerseglers gewidmet hatte und seine Erfahrungen und Erkenntnisse nach der Pensionierung schriftlich festhielt. Warum, fragte ich mich, kann ein solches in Jahrzehnten geäufnetes Wissen nicht einer breiten Öffentlichkeit zugänglich gemacht werden? Warum können viele andere Menschen im Pensionsalter uns die Schätze ihres Lebens nicht anvertrauen und in späten Jahren Anerkennung finden? Diesen Überlegungen lag die Gründung dieser Stiftung im Jahr 1990 zugrunde.«

Gegen 850 Personen aus der Schweiz und dem benachbarten Ausland haben den Weg zu dieser Verleihung gefunden. Das mehrheitlich ältere Publikum verfolgt aufmerksam das Geschehen auf der Bühne. Hans Vontobel nennt Zahlen und Fakten zu den eingereichten Werken und erläutert die Vorgehensweise der Stiftung bei der Auswahl der preiswürdigen Arbeiten.

Als Nächstes kommt er auf ein Thema zu sprechen, das ihm besonders am Herzen liegt: Die Würde alter Menschen, die in seinen Augen viel zu wenig respektiert wird.

»Der gelegentlich vernommene Ruf, rüstige alte Menschen seien zur Pflege für vom Schicksal weniger begünstigte Altersgenossen zwangsweise beizuziehen, ist zwar verklungen, doch nun erheben sich gelegentlich Stimmen, wonach alte Menschen steuerlich vermehrt belastet werden sollen. Eine oberflächliche Statistik beweist anscheinend, dass die Alten wohlhabender sind – ihre harten Jugendjahre werden bei dieser Gelegenheit gerne verschwiegen.«

Immer wieder sucht Hans Vontobel den Blickkontakt zum Publikum.

»Der Tagespresse entnehme ich den Notruf von Gemeinden, wonach gewisse Posten in den lokalen Gemeinden nicht mehr besetzt werden können; es fehle an Kandidaten und der Vorgänger habe wegen Erreichen der Alterslimite von 62 Jahren zurücktreten müssen. Mit solchen Bemerkungen diskriminiert man den alten Menschen in seiner Würde und verzichtet gedankenlos auf ein verfügbares Potential an geeigneten Mitarbeitern.«

Es sind einige amtierende Politiker im Saal, Gemeinde- und Stadtpräsidenten, denen wohl dieser leidenschaftliche Appell speziell gewidmet ist. Zum Abschluss seiner Ansprache reicht Hans Vontobel die Hand zur Versöhnung. »Akzeptieren wir den alten Menschen mit seinen Eigenheiten und den ihm liebgewordenen Gewohnheiten. Er hat, so hoffe ich, ein neues Verhältnis zur Zeit gewonnen. Er darf die vielen kleinen Schönheiten, die uns umgeben, in Ruhe dankbar aufnehmen und – sofern ihm ein gnädiges Schicksal günstig ist – der Familie, den Nachkommen und den Freunden Zeit und Liebe schenken.«

Hunderte von Händen applaudieren, warmherzig und anhaltend.

Die Bühne gehört nun dem Ballett: Eine Tänzerin und ein Tänzer der Zürcher Kompanie bereichern das Programm mit einem Ausschnitt aus »La Sylphide«. Nach der Aufführung bedankt sich Hans Vontobel: »Ich bin sehr beeindruckt von dieser Leichtigkeit, von dieser Musikalität und gleichzeitig der Zartheit, wie sie zum Ausdruck gebracht wurden. Der einzige Wermutstropfen in diesem Freudenbecher, den ich den beiden jungen Künstlern überreiche, ist der, dass ich ihnen sagen muss, dass sie an den nächsten Ausschreibungen der Stiftung Kreatives Alter noch nicht teilnehmen können.«

Schliesslich werden die Preisträger auf die Bühne gebeten – und zwar von der bekannten und betagten Schauspielerin Stephanie Glaser. Jede Arbeit wird von einem Mitglied des

Stiftungsrats zusammengefasst und in einer Laudatio geehrt. Darunter der Roman »La Rôdeuse« der 89-jährigen Mathilde Zufferey aus Pully, oder das Werk über den Nahost-Konflikt »Die Seele Israels« des in Tel Aviv lebenden Ernest Goldberger (Jahrgang 1931) oder die Autobiographie von Wendl Herger (Jahrgang 1933), der sich mit knappster Schulbildung und nach einem schweren Unfall emporarbeitete und seine Gefühle und Erlebnisse im Urner Dialekt beschreibt.

Nach der letzten Laudatio wendet sich Hans Vontobel an die beliebte Volksschauspielerin: »Frau Glaser, wir wollen einander versprechen, dass wir auch im reiferen Mannes- beziehungsweise Frauenalter immer wieder an diesen Veranstaltungen teilnehmen wollen. Ich verspreche es Ihnen, versprechen Sie es mir bitte auch.«

Zum musikalischen Schluss stimmen die sechs Herren im Frack »Wochenend und Sonnenschein« an, dann begibt sich Hans Vontobel nochmals ans Rednerpult.

»Ich möchte Ihnen ganz ehrlich sagen: Mir hat dieser Nachmittag sehr viel gebracht. Ich hoffe, Ihnen auch. Wir sehen uns – so hoffe ich – wieder hier im Gartensaal, zur 10. Preisverleihungsfeier am Dienstag, 26. Oktober 2010. Also in zwei Jahren. Meine besten Wünsche begleiten Sie in der Zwischenzeit. Nochmals: Empfangen Sie alle meine guten Wünsche. Ich freue mich auf unser Wiedersehen. Auf Wiedersehen!«

J. VONTOBEL & CO BANKIERS ZÜRICH

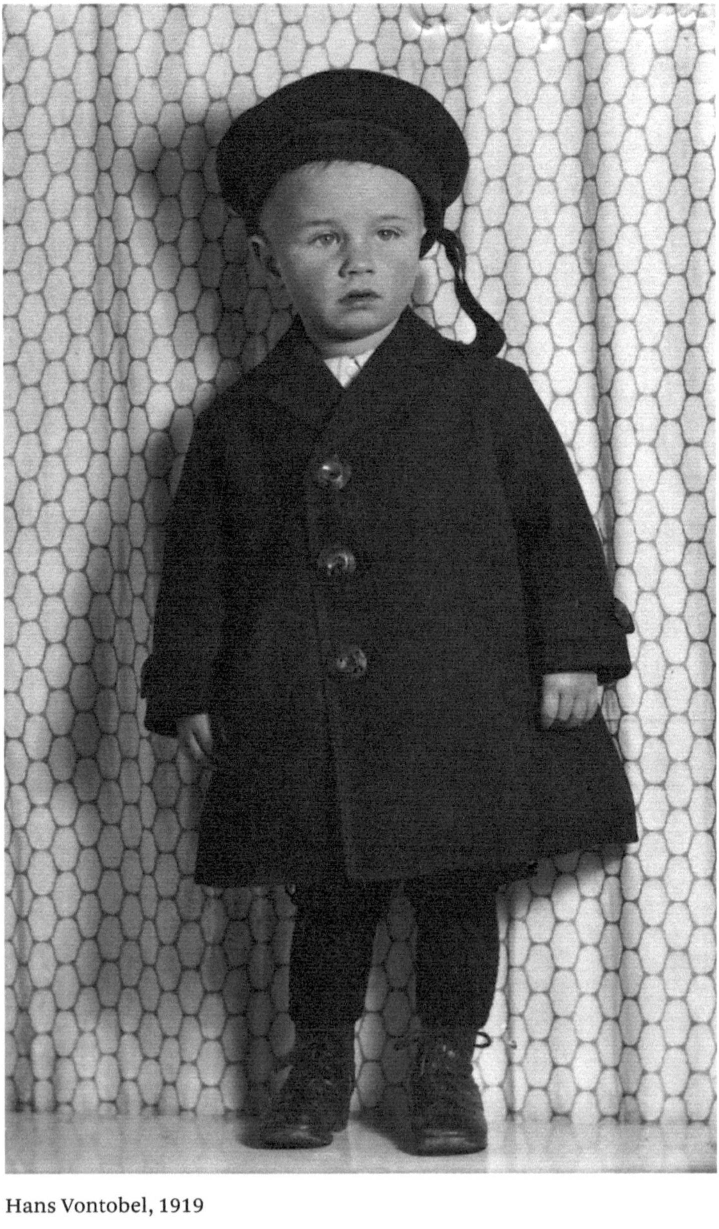

Hans Vontobel, 1919

Hans und Margrit Vontobel-Gut

Emma Vontobel-Höhn (1887–1978)

Hans Vontobel (Mitte) und Schwester Ruth (links) in Arosa

Zürcher Frauenklinik: Hier wurde Hans Vontobel am 4.12.1916 geboren

Jakob Vontobel (1885–1976)

Aktienring in der Alten Börse, Zürich

Direktionsstab der Bank J. Vontobel & Co., 1969

Einführung des ersten Computersystems NCR Century 200, 1970

Dr. iur. Hans Vontobel, 1969

Aus den Anfängen der Daten gestützten Administration

Telefonzimmer in der Alten Börse, Zürich

Drei Generationen: Jakob Vontobel, Hans Vontobel, Hans-Dieter Vontobel

Wichtige Stationen im Leben von Hans Vontobel

1916 Hans Vontobel wird am 4. Dezember in Zürich geboren. Er ist das erste der beiden Kinder von Emma Vontobel-Höhn und Jakob Vontobel. Zwei Jahre später kommt Schwester Ruth auf die Welt. Die Familie wohnt an der Susenbergstrasse 169 in Fluntern, ein eigenständiges Quartier, das heute ein Teil der Stadt Zürich ist. Hier geht der junge Vontobel in die Schule. In den Ferien besucht er gern die Verwandten im Zürcher Oberland, mit dem er sich bis heute sehr stark verbunden fühlt.

1936 Maturitätsabschluss und Beginn des Studiums der Jurisprudenz. Nach Ausbruch des Zweiten Weltkrieges 1939 muss er sein Studium und sein anschliessendes Doktorat immer wieder wegen seiner Einberufung zum Aktivdienst unterbrechen.

1943 Im Oktober promoviert Hans Vontobel mit dem Prädikat magna cum laude zum Dr. iur. und heiratet seine Mitstudentin Margrit Gut. Ein Jahr später kommt das erste gemeinsame Kind, Hans-Dieter, zur Welt. Es folgen die Töchter Regula und Kathrin. Hans Vontobel steigt, nach einem Praktikumsjahr bei der Privatbank Pictet in Genf, 1943 in die Bank seines Vaters ein.

1951 Jakob Vontobel ernennt seinen Sohn Hans zum Juniorpartner und unbeschränkt haftenden Gesellschafter. Hans Vontobel wird als erster Zürcher Privatbankier in seiner Funktion als Börsenpräsident Mitglied der Schweizerischen Bankiervereinigung.

1961 Hans Vontobel wird Präsident der Zürcher Börse und übt dieses Amt 13 Jahre, bis 1974, aus. 1968 übernimmt er das Präsidium der Handelskammer Deutschland-Schweiz (17 Jahre), 1972 folgt der Ruf in den Verwaltungsrat der »NZZ« (bis 1986). Während rund zwei Jahrzehnten amtet er als Präsident der Stiftung Schwesternschule und Krankenhaus vom Roten Kreuz Zürich-Fluntern.

1964 Umzug der Bank Vontobel von der Bahnhofstrasse 58 an die Bahnhofstrasse 3, da die Zahl der Mitarbeiter stetig wächst.

1972 Mit dem Eintritt von Sohn Hans-Dieter, ebenfalls ein Jurist, sind in der Bank Vontobel drei Generationen gemeinsam tätig. 1976 stirbt Vater Jakob. Hans Vontobel ist ab sofort alleiniger Chef der Bank Vontobel. Zwei Jahre später stirbt auch Mutter Emma, die für Hans Vontobel bis heute ein Vorbild ist.

1977 Hans Vontobel ernennt seinen Sohn Hans-Dieter zum Teilhaber. Zum ersten Mal in der Geschichte der Bank Vontobel wird im gleichen Jahr zudem mit Max Zaugg ein Nicht-Familienmitglied Teilhaber.

1981 Hans Vontobel zieht sich mit 65 Jahren auf den Posten des Verwaltungsratspräsidenten zurück. Sohn Hans-Dieter übernimmt den Vorsitz der Geschäftsleitung.

1984 Die Bank J. Vontobel & Co. wird in eine Aktiengesellschaft umgewandelt, und die Unternehmen in einer Holding zusammengefasst. Zwei Jahre später erfolgt das Going Public.

1991 Hans Vontobel wird Ehrenpräsident der Bank Vontobel. In den folgenden Jahren gründet er diverse Stiftungen: Familien-Vontobel-Stiftung, Vontobel-Stiftung, Hans-Vontobel-Stiftung, Stiftung Lyra, Stiftung Kreatives Alter.

2003 Hans Vontobels Frau Margrit stirbt im Sommer nach langjähriger Krankheit. Sohn Hans-Dieter zieht sich aus dem Bankgeschäft zurück und verlegt sein Domizil nach Frankreich. Zum ersten Mal in der Geschichte der Bank übernimmt ein Nicht-Familienmitglied das Präsidium des Verwaltungsrats der Vontobel-Holding AG.

2007 Die Bank mit inzwischen rund 1300 Mitarbeitern zieht an die Gotthardstrasse 43. Bis heute ist Vontobel die letzte unabhängige Familien- und Privatbank der deutschen Schweiz mit an der Börse kotierten Aktien.

Dank

Hans Vontobel für sein Vertrauen, seine Offenheit und dass er meine journalistische Unabhängigkeit zu keiner Zeit in Frage stellte. Und dass er mir zum richtigen Zeitpunkt einen Whisky in die Hand drückte.

Verena Fusco, dass sie im vollen Terminkalender ihres Chefs immer ein Fenster für mich fand, sie sich von Anfang an für meine Idee einsetzte und mir bis zum Schluss Material und Fakten beschaffte.

Felix Eidenbenz für seine einfühlsamen Photos sowie Anne Rüffer und ihrer Verlagscrew für das Buch, das es heute ist.

Meinen Freunden und Freundinnen, die mit mir die Begeisterung für dieses Projekt teilten und mich mit Unterlagen und Feedback unterstützten. Ein spezieller Dank geht an Daniel für sein konsequentes »Erstlesen« und die motivierenden Worte von der ersten Stunde an, und an Michael für den intensiven Gedankenaustausch und seinen Rheintaler Humor.

Rösli Giger, für die wunderbare Mutterliebe und ihren tiefen Glauben an mich.

Autorenbiografie

Susanne Giger ist 1970 in Wängi im Thurgau geboren. Sie studierte Betriebswirtschaften an der Hochschule St.Gallen (HSG) und absolvierte das Nachdiplomstudium Journalismus am Medienausbildungszentrum Luzern (MAZ). Susanne Giger ist Wirtschaftsredaktorin bei Schweizer Radio DRS.